J'AI FAILLI EN FINIR

CHRISTOPHE GIRARD
avec Anna Véronique El Baze

J'AI FAILLI EN FINIR

l'Archipel

Un livre proposé par Jacques-Marie Laffont

Notre catalogue est consultable à l'adresse suivante :
www.editionsarchipel.com

Contact : serviceclients@lisez.com

Éditions de l'Archipel
92, avenue de France
75013 Paris

ISBN 978-2-8098-5022-2

1

Dimanche 22 mai 2016. Les rayons d'un pâle soleil de printemps dansent à travers la pièce. Je ne trouve rien à lui répondre. Je n'ai pas d'argument. Je suis sonné. Je ne m'y attendais pas. Incapable de croiser son regard, je fixe le mur sur lequel les rais de lumière dessinent de fines arabesques tremblantes. Elle attrape un châle et quitte la chambre sans se retourner. C'est dimanche. Les enfants dorment encore et c'est sans doute mieux.

Je l'entends qui s'affaire dans la cuisine comme si de rien n'était. L'angoisse est là, absolue, terrassante. Un mal-être profond me vrille les tripes. J'étouffe entre les murs de notre chambre chargée du souvenir de nos rires, de nos pleurs, de nos silences. Envie de hurler mais aucun son ne sort, tant ma gorge est nouée. Je me sens incompris, seul, tellement seul.

Elle a raison, je suis invivable, irritable, dans le meilleur des cas absent.

Je m'habille à la hâte, dévale l'escalier et me précipite dehors. Le ciel est d'un bleu absolu et j'ai envie de crever. Je voudrais m'arracher le cœur pour ne plus rien éprouver. Par un vain réflexe de survie, je me rue sur ma voiture garée devant notre petit pavillon. Rouler, foncer loin, partir. Me fuir. Échapper à la réalité. Comme si la distance pouvait remonter le temps, réparer nos cœurs, anesthésier mes pensées.

Je démarre, marche arrière, coup de volant. J'appuie sur l'accélérateur. Pied au plancher, je fonce. Vers où ?

Je ne sais pas, je m'en fiche. Peu importe, pourvu que la vitesse me grise, m'exalte, me shoote.

Elle va me quitter et je ne trouve rien de mieux que de m'enfuir.

Je suis incapable de lui montrer à quel point je l'aime. Je ne sais plus les mots, les gestes. Je ne verrai plus mes enfants. La dernière roue de ma charrette brinquebalante a cédé. Mon monde s'écroule, mais ce sera sans moi. Je me tire.

Or ça ne sert à rien. La douleur me colle à la peau, m'enserre. J'accélère encore. Les réflexes acquis en course-poursuite ne sont pas perdus. À cela près que je ne chasse personne, aucun équipier n'est là pour me ramener à la raison. Je me déporte sur la gauche pour doubler une Mini rouge. Face à moi, une camionnette venue de nulle part déboule. Je croise le regard effrayé de la femme au volant. Sur le siège passager, la jeune fille met les mains devant ses yeux. Je me rabats *in extremis* devant la Mini. Je ne m'en déteste que davantage, nuisible même dans la détresse.

Alors, je ralentis. À présent, je roule trop lentement. Au travers de mes larmes, je distingue les dizaines de morts que j'ai croisés sur ma route. Ils défilent, silencieux et résignés, sur le bas-côté. Une procession morbide et douloureuse de corps torturés, de silhouettes en lambeaux. Les souvenirs remontent, s'imposent. Ils sont d'une précision sans concession. Je les vois vraiment, tous ces gens. Je suis dans un état d'hyperconscience. Une vague d'émotion me submerge. Les pleurs retenus explosent. Ma carapace éclate en mille morceaux. La Mini rouge me double et s'éloigne à l'horizon.

Je bifurque sur un étroit chemin de terre et m'arrête sous un gros marronnier. Assis derrière mon volant, je vomis ma peine et ma souffrance. C'est trop, c'est insupportable. Je n'ai plus aucune raison de me battre.

Elle va me quitter. Plus jamais ses bras. Plus jamais son souffle. Mon présent est en ruine ; d'avenir, il n'y en a pas. D'ici peu, mes enfants seront loin de moi pour toujours.

Et si la mort était la solution ? La seule échappatoire à mon mal-être ? Je reste pétrifié par cette idée qui s'installe, m'empoisonne, et soudain m'apaise.

Il y a un an, j'ai déjà voulu mettre fin à ma souffrance. Mon geste s'est soldé par une nuit aux urgences. Si j'en réchappe cette fois, les pompiers et les gendarmes feront un rapport. Après, ce sera pire. On me désarmera. Aussi ne dois-je surtout pas me louper.

Pourtant, je suis un flic ! Un combattant ! Je dois savoir gérer mon stress. Je suis de ceux qui savent les gestes pour sauver, protéger, calmer le jeu. Mais je n'y arrive plus. Pas sans Isabelle. Elle était mon dernier rempart. La douleur est trop intense.

Je pose la main sur l'arme accrochée à ma ceinture. Je l'ai prise par réflexe en sortant. Elle fait partie de moi, de mon quotidien. Lentement, j'extirpe le SIG Sauer de son étui. Mes doigts tremblent un peu. Une cartouche est déjà chambrée, comme d'habitude. C'est déjà ça de fait.

Ma vue se brouille. Le souvenir du canon du .357 Magnum pointé sur moi, sur nous, square Léon, émerge. C'était il y a dix-sept ans ; l'image du barillet, des cartouches luisantes, toujours aussi nette, fait monter la nausée. Je n'ai pas envie de mourir, juste d'abattre ce maudit mal-être qui a détruit ma famille. Je saisis l'arme par la crosse. Son contact me détend. Elle va me sauver.

Les yeux grands ouverts, le passé déferle comme une coulée de lave et me carbonise l'âme.

2

D'aussi loin que je me souvienne, j'ai toujours voulu devenir policier. Défendre les faibles, protéger les citoyens, être un homme fort, devenir un héros du quotidien, voilà ce dont je rêvais. En maternelle, je dessinais la célèbre Ford Torino rouge à bande blanche à bord de laquelle Starsky et Hutch se lançaient à la poursuite des méchants. La nuit, je fermais les yeux et je dévalais les collines de Los Angeles à leurs côtés. J'étais fan absolu de la série et je me racontais leurs histoires en boucle, ainsi que celles de Jon et Ponch, les motards de la California Highway Patrol, de la série *CHiPs*. Ces héros étaient mes amis virtuels, des soutiens qui m'aidaient à me sentir moins seul.

Ma famille ressemblait à tant d'autres. Ma grande sœur et moi ne manquions de rien. Mais la vérité n'était pas là, même si je n'en prenais pas la mesure puisque je n'avais rien connu d'autre. À la maison comme à l'école, les brimades et les moqueries faisaient partie de mon quotidien.

Je me souviens de la mine médusée de mon institutrice, le jour de la rentrée en CP. Elle m'écoutait lire un texte à voix haute.

— Bravo, Christophe ! Tu sais déjà lire.

Je l'avais épatée et j'avais hâte de le dire à mes parents. J'étais si fier !

Au déjeuner, plein d'enthousiasme, je leur racontai la scène avec mes mots d'enfant. Mes parents restèrent de marbre. Le soir, alors que nous étions tous attablés avec ma sœur et mes grands-parents, mon père s'adressa enfin à moi :

— Tiens, puisque tu sais lire, montre-nous !

Il déposa un journal sur mon assiette.

— Lis-nous le journal.

Heureux, je posai ma petite fourchette et attrapai le journal. Je voulus lire, mais impossible. Les syllabes ne sortaient pas, les lettres n'avaient plus de sens. Je n'y arrivais plus ! Je me sentais minable, idiot. Mes parents et ma sœur partirent d'un éclat de rire. Je n'avais pourtant pas menti ! Ce matin, je savais lire. Ils n'avaient qu'à appeler ma maîtresse au lieu de se moquer de moi. Mon grand-père posa sa grosse main sur la mienne. C'était un journal allemand.

Avec le recul, ce besoin viscéral de justice, ce désir de protéger les plus faibles, trouve sûrement sa source dans mon enfance.

Heureusement, il y avait mon grand-père paternel. Il m'a appris l'amour et la confiance. Le regard qu'il portait sur moi m'a permis d'oser, de relever la tête, d'affronter la vie. Dès que je le pouvais, je fonçais chez lui. Il faut dire que, jusqu'à mes neuf ans, il habitait à deux cents mètres de chez nous, dans la banlieue de Metz. Je m'y sentais bien. Même lorsque nous avons déménagé, j'ai continué à passer toutes les vacances scolaires chez lui. Je ne suis jamais parti en vacances avec mes parents. Et ça ne m'a jamais manqué.

Les nombreux déménagements – de la région de Metz au Jura, puis dans la campagne dijonnaise –, liés au travail de mon père, professeur en mécanique agricole, ne m'ont pas aidé à me faire des amis. À l'école, mes camarades de classe se moquaient de moi, me traitaient de « petit intello ». À l'époque, le harcèlement scolaire, ça n'existait pas.

Pour supporter railleries et mise à l'écart, je me suis réfugié dans le sport. Deux choses m'ont rendu supportables les premières années de ma scolarité difficile : j'ai veillé dès le collège à baisser le niveau de mes notes afin de me faire oublier des autres et m'épargner ainsi les moqueries ; ensuite, mes équipiers du handball, que j'ai rejoints en classe sportive dès le lycée, m'ont accepté. Nous avons même atteint les phases finales du championnat de France. Gagnants ou perdants, nous l'étions ensemble. Cet esprit de corps ne m'a jamais quitté. Et je le retrouverais dans la police, où le travail se fait essentiellement en équipe.

Il m'a bien fallu m'adapter et supporter le lycée car, même si le baccalauréat n'était pas indispensable pour devenir policier, mes parents y tenaient. Et j'étais prêt à tout pour qu'ils me fichent la paix.

Pour autant, à la veille des épreuves du bac, je passai une épreuve autrement plus importante à mes yeux : l'oral du concours de policier. Quelques mois plus tôt, j'avais réussi les tests psychotechniques, les épreuves sportives et écrites. Convaincu que cet oral scellerait mon avenir, je m'y rendis pourtant sans pression, vêtu de mon éternel blouson de motard en cuir noir et de mon jean troué préféré. Je n'avais qu'une idée en tête : entrer dans la police pour interpeller les délinquants. Enfin, pour être plus précis, courir après les voleurs. Renseignements pris, il me semblait que la Bac, la brigade anticriminalité, répondait parfaitement à mes critères.

Ce jour de grand oral à Dijon, face au jury, je me sentais donc parfaitement à ma place, malgré l'atmosphère glaciale de la salle d'examen de l'austère bâtiment de police et le formalisme tout aussi réfrigérant des quatre examinateurs : un psychologue, un commissaire et deux officiers.

— Dans quel groupe souhaitez-vous être affecté ? Celui des îlotiers ? me demanda finalement le commissaire, sans même lever un œil vers moi.

— Non. Si je réussis ce concours, je veux entrer à la Bac.

— Pourquoi donc ? Vous avez le choix ! Vous êtes sûr ?

— Je n'entre pas dans la police pour discuter avec les jeunes. Je veux être policier pour arrêter les délinquants et menotter ceux qui le méritent !

L'homme me jeta un regard déconcerté. Même si l'oral –hormis cet épisode – s'était bien déroulé, je n'en ressortis pas très confiant.

En ce mois de juin 1994, je partis donc en direction de mon lycée pour connaître les résultats du bac, aussi détendu que si j'allais à la boulangerie m'acheter un pain au chocolat. Je ne songeais qu'à mon examen de police. Serais-je accepté ? Autour de moi, face au tableau d'affichage, ça se bousculait. Certains camarades poussaient des cris victorieux, d'autres repartaient la tête dans les épaules. Je me souviens de cette fille aux longs cheveux frisés qui pleurait à chaudes larmes. Quand il y eut moins de monde, je m'approchai du tableau. Y voir mon nom me laissa de marbre, n'était le soulagement de faire plaisir à mes parents. Le plus important à mes yeux n'était pas là…

Le résultat du concours de gardien de la paix arriva par courrier une semaine plus tard. Le cœur battant, je m'enfermai dans ma chambre et ouvris l'enveloppe avec lenteur, comme pour préserver encore un peu l'espoir en cas d'échec.

Reçu ! Ma spontanéité avait dû plaire aux trois autres jurés. Cette formidable nouvelle, je ne la partageai avec personne.

Diplôme en poche, je me précipitai au bureau du service national pour devancer l'appel. Je voulais partir au plus vite, intégrer l'école de police encore plus vite et enfin atteindre mon objectif : être un flic !

Et les choses ne traîneraient pas. Dès décembre 1994, à dix-neuf ans, je commençai mon service national comme policier. Titulaire du concours, j'avais le choix : j'optai pour un an en tant que policier auxiliaire pour m'assurer que ce métier corresponde bien à mes attentes. Je voulais être certain que la réalité serait à l'image de mon rêve d'enfant. Même si les voitures ne seraient jamais celles des flics américains, et même si les rues de Paris n'étaient pas aussi vallonnées qu'à Los Angeles !

Le chant strident d'un moineau me tire de ma rêverie. Pardon, papi, pour ce que je vais faire. Déjà six ans que tu es mort ; je ne tiendrai pas plus longtemps. Crois-moi, j'ai essayé. Tu étais un repère, mon modèle depuis l'enfance, celui qui m'a aidé à supporter ma différence dès l'école où il ne faisait pas bon être le premier de la classe. Celui qui m'a permis de croire en mon rêve : devenir flic.

3

À l'issue des deux mois de formation réglementaires à l'école de police de Troyes, mon paquetage de policier auxiliaire sous le bras, j'ai rejoint le commissariat de Dijon. Une aubaine ! Je pris vite conscience que, sous de nombreux aspects, j'avais choisi la bonne voie.

Esprit de corps, action, travail en extérieur, service à la personne, tous les ingrédients étaient là. J'étais au bon endroit.

Seul bémol : je ne voulais pas démarrer ma carrière dans ce commissariat de Dijon. Trop paisible, pas assez de mouvement. Je n'aspirais qu'à une chose : être flic la nuit à Paris, dans l'arrondissement le plus difficile. Une volonté enracinée dans mes tripes autant que dans mon cerveau.

Pourquoi ? Parce que, la nuit, l'atmosphère est différente, inquiétante, mystérieuse ; la nuit, la moindre intervention prend une dimension tellement plus romanesque ; la nuit, dans Paris, on circule mieux et plus vite ; la nuit, la notion de hiérarchie se relâche. Appréhender un roulottier[1] dans une nuit noire et déserte a plus de panache que de le cueillir à 14 heures dans une rue bondée !

1. Roulottier : individu qui vole à l'intérieur d'une voiture en stationnement.

Mon service national achevé, en janvier 1996, j'intégrai l'école de police de Chassieu, dans la banlieue lyonnaise. Au centre de formation, tout se passait bien avec les autres élèves. Nous étions hébergés à trois par chambre. Le nombre restreint d'élèves faisait de ce centre un lieu quasi familial. J'y nouai de belles amitiés avec mes collègues. C'était la fête presque chaque soir, une fois nos devoirs finis.

La formation comprenait trois mois de stage en service actif dans l'agglomération lyonnaise. J'avais spontanément choisi le IXe arrondissement, la Duchère, un quartier sensible qui me conforta dans mon envie de départ. Alors, même si nous faisions la fête, je travaillais avec acharnement car je savais qu'à l'issue de l'année les meilleurs pourraient choisir leur affectation. Et les derniers auraient ce qu'il resterait ! Je voulais Paris, rejoindre un service actif. Pas question de faire le planton huit heures par jour au pied d'une ambassade ou d'un ministère.

Je me croyais lucide ; en fait, j'étais un jeune flic bourré d'enthousiasme, inconscient et naïf.

Je mesure, à quarante et un ans, comme ces années de service m'ont ôté, dès mes débuts, toute capacité à la légèreté et à l'insouciance. Cette période de mon existence n'a pas été une parenthèse enchantée, mais celle où j'ai posé les jalons de ma dégringolade, celle qui me mènerait tout droit sous ce marronnier.

Dès le 3 décembre 1996, tout s'affola. Une bombe explosa à Paris, à la station Port-Royal du RER B, dans le Ve arrondissement. À 18 heures, en pleine heure de pointe. Bilan provisoire de l'attentat : 4 morts et une cinquantaine de blessés. Arrivés sur les lieux, le Premier ministre, Alain Juppé, et le ministre de l'Intérieur, Jean-Louis Debré, annoncèrent la réactivation du plan

Vigipirate. Notre contrôle national fut avancé au lendemain et le choix des postes et affectations à mi-décembre, au lieu de janvier. Nous étions bousculés par l'actualité. Tout se précipitait et devenait terriblement concret.

Les résultats tombèrent. J'étais trente-cinquième au classement national. Sachant qu'une promotion compte près de mille personnes, j'étais heureux à la perspective de la vie d'aventure qui s'ouvrait à moi.

Cette fois encore, ce bonheur, je le vécus seul et ne partageai la nouvelle avec nul membre de ma famille. Je fus le premier jeune diplômé de la promotion 1996 à demander Paris. Nombre de mes potes de promotion étaient dépités. Le déploiement du plan Vigipirate avait largement contribué à circonscrire le choix des postes à Paris, la région parisienne ou les CRS. Aucune place en province. Difficile à avaler pour certains qui se retrouvaient, sans l'avoir voulu et sans délai, envoyés à la capitale. De toute façon, nous n'avions pas le choix.

À notre arrivée, nous fûmes réunis à l'École nationale de police de Paris pour découvrir et choisir nos affectations dans l'ordre des résultats et des postes disponibles. Nous étions plus de sept cents jeunes diplômés à patienter, échangeant sur nos souhaits et nos doutes dans le froid de la cour de l'imposant bâtiment, situé à proximité de l'hippodrome de Vincennes.

Un cruel dilemme se présentait à moi : des places étaient libres en police judiciaire, ainsi que des places dans le XVIIIe, le fameux « pire » arrondissement de Paris. J'hésitais. La police judiciaire me semblait tout aussi tentante, même si, en fait, je ne savais pas vraiment en quoi consistait le boulot. Je devais faire en quelques minutes un choix qui affecterait durablement mon avenir. Ce premier poste détermine l'orientation de toute une carrière, mais je ne le savais pas.

Lorsque je fus appelé, avec une cinquantaine d'autres candidats, à rejoindre la salle où nos affectations définitives seraient approuvées, mon choix était arrêté. Par trois fois, l'un des instructeurs me demanda de répéter :

— Paris 18 ? Vous êtes sûr ?

Par trois fois, je me levai et répétai avec conviction :

— Oui, Paris, le commissariat du XVIIIe !

J'avais suivi mon instinct. Ma vie de « flicard de terrain » pouvait démarrer. Une carrière classique, comme tant d'autres... pour une vie hors norme.

Mon premier jour, je le passai à arpenter les rues de l'île de la Cité, alors siège de la préfecture de police de Paris. Il me fallut faire le tour de plusieurs bâtiments et bureaux pour signer mes contrats, recevoir mon matériel (un indicateur des rues de Paris, une paire de menottes, un revolver .38 Special, une boîte de douze cartouches). Quant à ma tenue (un blouson, un pantalon à pinces bleu marine, une cravate assortie, une chemise bleu ciel et une grande casquette), je l'avais reçue à l'école avant de partir. Sans oublier la célèbre pucelle PP numérotée de la préfecture de police, insigne utile pour signifier le corps auquel on appartient aux collègues en tenue que l'on sera amené à croiser.

Mon cœur se serre au souvenir de ma première sortie en tenue de gardien de la paix. Une larme coule sur ma joue. Je l'essuie d'un revers de main sans lâcher mon arme.

À ma première sortie en tenue de policier, je sentais les regards s'attarder sur moi, et me fallut plusieurs minutes pour prendre conscience qu'il s'agissait de l'effet produit par le port de l'uniforme.

En dehors des heures de service, nous ne sortons jamais en tenue. Nos affaires restent au vestiaire du commissariat. Seule mon arme ne me quitte jamais.

À l'hôtel de police de la rue de Clignancourt, la flopée de stagiaires dont je faisais partie n'était apparemment pas attendue avant début janvier. Les policiers chargés de nous équiper ne savaient trop quoi faire de nous. D'ailleurs, ils ne connaissaient même pas notre statut.

— Girard ! Élève ou stagiaire ?

— Stagiaire !

— Ah ! Alors, revenez demain matin.

Cette mauvaise organisation nous donna droit à quelques jours de battement en brigade de jour. Je ne m'y plus pas. La priorité semblait consister à renvoyer aux citoyens une image parfaite de flic parisien à la casquette ajustée sur le crâne et aux chaussures éclatantes en toute circonstance. Les interventions étaient rares et ennuyeuses. Et la densité des passants, cumulée à celle des voitures, me donnait le tournis. J'en venais à regretter ma province. Un comble !

J'étais loin d'être le seul dans ce cas. Avec quelques camarades, nous faisions des pieds et des mains, harcelant nos supérieurs, pour être affectés sans délai au service de nuit. Et nous y parvînmes.

Dès la fin décembre 1996, je rejoignis la brigade de nuit du XVIIIe. Enfin, j'étais là où je voulais être. Ma carrière pouvait vraiment commencer !

Mon grand-père était heureux de savoir que j'avais trouvé un travail qui me plaise et fier que son petit-fils puisse bénéficier de ce qu'il appelait « l'ascenseur social ».

4

Les premiers temps, malgré mon mètre quatre-vingts et ma carrure athlétique, je me sentais minuscule, tassé à l'arrière du véhicule de police. L'avant n'est pas accessible aux jeunes recrues. Le chauffeur connaît la topographie, possède de solides notions de pilotage et sa vigilance est constante. Quant au chef de bord, il s'assoit toujours à l'avant. C'est lui qui décide d'intervenir ou pas. Le groupe est sous sa responsabilité.

Lors d'une de mes premières patrouilles, le ton fut donné par un de ces chefs de bord. Nous faisions le tour de l'arrondissement et, tel un guide touristique, Jean-Marc racontait au bleu que j'étais les meurtres qui s'y étaient produits et ses interventions les plus prestigieuses.

— Et là, il y avait une planque de Mesrine… Ici, c'était sa dernière planque… et là, eh bien, c'est l'endroit où il a été tué par nos collègues de l'antigang. Et à ce moment-là, il était en costard-cravate. La classe ! Enfin, je crois. En tout cas, il était bien habillé. Conclusion : quand on contrôle quelqu'un ou un véhicule, tu me palpes tout le monde, sans exception ! On part à quatre, on rentre à quatre !

Cette phrase résonne en moi comme un mantra. Hors de question de se mettre en danger de manière démesurée, hors de question de laisser un collègue dans la merde. Cocasse, alors que je suis là, planqué derrière mon volant, prêt à me tirer une balle.

Notre mal-être, cette menace invisible, qui s'en préoccupe ? Combien sommes-nous au bord du précipice, à songer au suicide, incapables d'appeler nos équipiers à la rescousse ? Incapables d'admettre que nous sommes au bout du rouleau ?

Et Jean-Marc poursuivait, tandis que nous passions dans l'arrondissement voisin, le IXe, pour rejoindre l'avenue Trudaine :

— En mai 1983, deux policiers sont morts ici, sous les tirs nourris du groupe Action directe. Des impacts de balles sont encore visibles sur le mur. Ce jour-là, les collègues étaient allés au contact pour un problème de stationnement. La leçon à tirer de ça ? Tu es flic, tu es dans la rue, aucune action n'est anodine. Tu dois être attentif tout le temps. C'est compris, Christophe ?

Oui, Jean-Marc, j'ai bien retenu tes leçons.

Il avait la cinquantaine, les cheveux grisonnants et il parlait fort. Pas chaleureux pour un sou, il en imposait et je l'admirais. Après des décennies de Bac nuit, il avait pris du galon pour être nommé chef en police-secours nuit. Il était avare de compliments ; lorsqu'il me félicitait, je savourais chaque mot. Lorsque je lui ai confié vouloir faire carrière en Bac nuit, il m'a transmis un maximum de son expérience.

— Petit, à Pigalle, si tu ne crées pas de lien avec les habitants et les commerçants, tu ne sauras rien sur ce qui s'y passe !

Ces conseils qu'on n'apprend pas à l'école de police, je les ai appliqués à chaque instant, depuis le premier jour.

Que m'aurait-il dit ce matin ? Aurait-il trouvé les mots pour me faire lâcher mon arme ?

Les nuits de patrouille s'enchaînaient au rythme de six nuits de travail pour deux nuits de repos, qui coïncidaient donc toutes les huit semaines avec un week-end. Autant dire que je passais le plus clair de mon temps à mon travail, alors que la plupart des jeunes de mon âge, même s'ils étudient, ne songent qu'à faire la fête. Mais j'adorais être où j'étais. Pour la première fois de ma vie, je me sentais à ma place. Que mes chefs et mes officiers soient satisfaits de mon travail et de mon comportement valait toutes les soirées de fête. D'ailleurs, je n'y pensais même pas. J'avais trouvé ma voie et donné un sens à mon existence.

Je débordais d'enthousiasme, au point d'en tomber un jour du car police-secours ! Ce soir-là, après un appel d'urgence, Clément se jette sur le siège conducteur pendant que nous sautons, avec des collègues, à l'arrière du fourgon. Démarrage en trombe. Dans la précipitation, la porte latérale coulissante arrière est mal refermée. Je me relève et, pour pouvoir la claquer à fond, je la fais coulisser vers l'arrière au moment où Clément prend un virage à grande vitesse. La force centrifuge m'emporte et je suis violemment éjecté sur le trottoir. Je finirai l'intervention à l'arrière d'un véhicule de pompiers, calé sur une coque, puis transporté aux urgences de Lariboisière.

Je songe à ma première grosse intervention. Un homme s'était tiré un coup de fusil de chasse sous le menton. C'était à la police-secours, donc à nous, d'assurer le transport du corps à l'IML, l'Institut médico-légal. La vue de ce cadavre, son visage effacé, furent un choc vite refoulé. Il fallait passer outre, faire le job. Pas le choix. Qui d'autre le ferait, sinon ?

Je n'oublierai pas davantage cette nuit du 30 août 1997. Je me trouvais affecté à police-secours dans un car d'état-major, un fourgon commandé par TNZ 1[1]. L'opérateur nous demanda de retourner au commissariat pour recevoir notre mission par téléphone.

— Foncez au pont de l'Alma. Une personnalité vient d'avoir un accident.

Nous nous rendons rapidement sur les lieux. Un amas de tôle froissée. Le véhicule est si détruit qu'il était presque impossible d'en deviner la marque ou le modèle. Nous apprenons que la princesse Diana est à bord. Autour de nous, des hordes de journalistes, avides d'un scoop ou d'un cliché, se bousculent. Les flashs crépitent, l'atmosphère est électrique.

Action !

Les ordres sont donnés. Dans un premier temps, nous effectuons trois périmètres de sécurité : du plus proche, le plus hermétique, au plus éloigné, plus perméable. Parmi les premières arrivées sur place, mon équipe est dans le périmètre restreint, au plus près de l'accident. Nous laissons les médecins-urgentistes travailler, veillant à ce qu'ils puissent agir à l'abri des regards. La princesse Diana, encore en vie, est évacuée la première par une ambulance du Samu. L'homme assis côté passager avant est évacué à son tour. Nous apprendrons plus tard qu'il s'agit de Trevor Rees-Jones, garde du corps, seul survivant de l'accident. Les deux autres

1. TNZ 1 : station directrice vers laquelle remontent toutes les autres voix, TI, TC, et autres TV du dispositif policier, la voix de la salle de commandement de la préfecture de police. Source : www.lemonde.fr/archives/article/1989/07/16/le-succes-du-dispositif-policier-tnz-1-et-le-fleuve-tranquille_4137600_1819218.html.

personnes impliquées, Dodi Al-Fayed et le chauffeur, Henri Paul, mortes sur place, doivent être emmenées à l'Institut médico-légal. Il est primordial, pour nos autorités, que nous ne soyons pas suivis, par qui que ce soit. Un leurre est donc lancé sous la forme d'un fourgon de police gyro deux-tons qui surgit à vive allure du premier périmètre et fonce dans la direction opposée à l'Institut médico-légal. Ça prend. Les photographes et cameramen à moto filent à ses trousses, tel un essaim d'abeilles à la poursuite d'un pot de miel. La voie est libre. À notre tour, nous sortons du dessous du pont, le cadavre d'une des victimes masculines à bord de notre fourgon. Direction l'IML, mais sans gyro deux-tons pour ne pas éveiller l'attention.

Chacune des étapes de l'opération fut commentée, détaillée, parfois déformée. Ce jour-là, je pris la mesure des répercussions possibles de nos actions dans les médias. Hélas, cela ne ferait qu'empirer.

Chaque nuit, les interventions tombaient par dizaines. Aucune n'était banale. Comme me l'avait appris Jean-Marc, ça pouvait déraper à chaque seconde. Une réalité que je reçus en pleine face le 29 janvier 1998.

La nuit est calme et glaciale. Ce soir-là, je suis dans le fourgon PS 18, c'est-à-dire le premier fourgon engagé en cas d'appel concernant le XVIIIe arrondissement. Comme d'habitude, nous sommes six fonctionnaires de police, assis face à face sur deux longs bancs à l'arrière du fourgon.

Nous patrouillons boulevard de la Chapelle lorsque nous entendons des sirènes sur le trottoir d'en face. Nous sommes à la limite du Xe arrondissement ; à l'époque, le « 10 » ne fait pas partie de notre district et nous ne partageons pas les mêmes ondes radio. Je zappe rapidement. Il faut comprendre ce qui se passe. Lorsque je capte enfin la bonne fréquence, des cris nous glacent le sang. Un drame se joue à quelques mètres de nous, de l'autre côté du trottoir. Nous nous précipitons.

Trop tard. Un immeuble est ravagé par les flammes. Des collègues, piégés à l'intérieur. Ces hurlements sont les leurs ; des cris d'impuissance, de terreur, de douleur. Et nous, nous sommes là, bras ballants, spectateurs impuissants à sauver nos frères en train de mourir.

Lorsque leurs corps carbonisés sont extraits de l'immeuble, nous nous tenons au garde-à-vous, chancelant sur nos jambes, poings serrés pour ne pas hurler notre dépit.

L'odeur âcre de brûlé et d'essence mêlés me hante encore.

Les jours suivants, et chaque soir, tant qu'il nous fut possible de le faire, nous nous rendîmes à la chapelle ardente de l'IML pour nous recueillir. Debout, au garde-à-vous, face à leurs trois cercueils recouverts du drapeau français, nous restions de longues minutes le regard fixe pour ne pas vaciller.

Si le responsable de ce carnage avait habité de l'autre côté du boulevard de la Chapelle, ç'aurait été la PS 18 au lieu de la PS 10. Ç'aurait été nous. Sur chaque cercueil se trouvait la photographie de l'homme tombé pour protéger des citoyens. Ils étaient jeunes comme nous, ils avaient la vie devant eux, comme nous. Paix à leur âme.

J'appris par la suite que nos collègues de la PS 10 étaient intervenus pour un simple différend familial. Dans ces quartiers populaires du nord de Paris, ce type d'appel est fréquent. Problèmes de couples et violences domestiques sont monnaie courante. Quatre collègues s'y étaient rendus. Visiblement, l'homme les attendait. Il avait aspergé l'étage d'essence et mis le feu à leur arrivée. Un seul collègue avait pu s'extirper des flammes. Gravement brûlé, il fut marqué à vie.

J'étais jeune dans le métier et la cruauté de l'existence me sautait déjà aux yeux. Pour autant, mon enthousiasme était intact. Cette épreuve, je m'acharnais à la voir comme une leçon. Comme disait le chef Jean-Marc :

— Aucune intervention ne doit être prise à la légère. Même si l'homme dont vous contrôlez l'identité a l'âge de votre arrière-grand-père.

Deux ans après ma prise de fonction, mes habitudes changeaient déjà. Je me rendais compte que la mort pouvait m'attendre à chaque coin de rue, dans chaque cage d'escalier. Je l'avais appris à l'école de police, mais, là, je l'expérimentais. Ce jour-là, je perçus la nécessité d'être à chaque instant, à chaque franchissement de porte, sur mes gardes, dans une vigilance absolue, pour moi et pour mes collègues. Lorsque nous arrivons sur le seuil, jamais nous ne restons derrière ; et si l'un de nous manque à la règle, un collègue l'éjecte dans la seconde.

Mais ces « modifications » de comportement étaient normales, logiques, inhérentes au métier de flic. Certains parlaient d'adaptation. Peut-on s'adapter à la mort, à la souffrance ? Est-il possible d'apprivoiser la peur ?

Aujourd'hui, j'ai la réponse : non. Et je n'allais pas tarder à l'apprendre.

Notre mission ne se limitait pas à répondre aux appels du 17. Quand nous n'étions pas de police-secours, nous étions à bord de véhicules légers à faire de l'anticriminalité.

Nous sommes nombreux à aimer sillonner les rues à la recherche du flagrant délit. C'est exactement la mission que je me voyais accomplir dans la police : rechercher, filocher, patienter, me cacher, surprendre, interpeller et menotter. Pour pouvoir m'y consacrer à plein temps, et pas seulement quelques nuits entre deux appels, il me fallait intégrer la fameuse brigade anticriminalité. Il en existe deux la nuit dans le XVIIIe arrondissement de Paris : l'une en tenue civile, l'autre en tenue de fonctionnaire de police. Cette dernière est réputée pour être la plus dynamique. Logique, il est plus difficile de planquer en tenue, donc rare de patienter pendant des heures.

Un soir, le capitaine me convoqua dans son bureau. Inhabituel, mais cela ne m'inquiéta pas. Ces derniers mois je n'avais pas failli, réalisant des interpellations en tout genre, sans jamais trahir sa confiance.

— Vous êtes toujours intéressé pour intégrer la Bac tenue ?

Je contins mal mon enthousiasme et hurlai :

— Oui, capitaine !

— OK, vous commencez la semaine prochaine.

Je sortis du bureau en marche arrière et sur un nuage. Enfin, j'accédais au paradis ! Je rejoindrais des collègues qui avaient les mêmes envies que moi, des femmes et des hommes ultramotivés qui me transmettraient leur expérience. Je leur montrerais qu'ils avaient fait le bon choix.

Pour la première fois de ma vie, je partageai ma joie… avec mes collègues. Je n'étais plus seul. Ils étaient devenus ma famille.

5

J'avais atteint l'objectif que je m'étais fixé à ma sortie de l'école de police, deux années auparavant. J'étais gardien de la paix de la Bac de l'arrondissement le plus dur de Paris.

Mon rythme de travail laissait peu de place à la vie personnelle. Je n'avais guère le temps de sortir, d'entretenir les liens d'amitié avec mes amis restés à Dijon ou de faire des rencontres. Pourtant, à l'occasion d'un court week-end dijonnais, je croisai, lors d'une soirée d'anniversaire, une femme différente de toutes celles qui avaient jusqu'alors brièvement traversé ma vie.

Dès son entrée dans la pièce, mon regard est aimanté vers cette grande et belle jeune femme brune, à l'élégance naturelle. L'attirance est instantanée – sûrement ce qu'on appelle un coup de foudre. Nous passons la soirée à discuter, à rire, à danser. Au fil de nos échanges, nous découvrons que nous avons fréquenté le même lycée, sans pour autant nous connaître. Quand vient le moment de se quitter, elle me confie être en stage à Paris dans le cadre de ses études. Une occasion inespérée de lui proposer de se revoir !

Tout alla très vite. Si jusqu'alors je n'avais jamais réussi à entretenir de relation durable, avec Isabelle la vie était évidente, simple, joyeuse. Elle s'accommodait de mon travail, de mes horaires atypiques et à rallonge.

Côté boulot, je m'éclatais. Chaque soir, nous étions quatre à bord de notre véhicule Bac sérigraphié « POLICE ». Julien, Clément, Mathieu, et moi. Moyenne d'âge : vingt-trois ans.

Notre groupe sillonnait les rues du XVIIIe dans la bonne humeur. L'atmosphère était détendue, presque joyeuse, même si nous ne relâchions jamais notre attention. On plaisantait, on parlait de tout, du boulot, de nos amours, de nos projets, de nos loisirs. Je tiens de ces longues heures à faire le guet ma meilleure recette de poulet aux morilles ! À force de passer davantage de temps entre collègues qu'à la maison, chacun de nous savait tout de la vie des autres. Enfin, presque. Sans compter que nous partagions également une grande partie de nos loisirs. Nos collègues étaient davantage que des amis, des frères pour le meilleur et pour le pire, comme dans un mariage !

Et si pendant ces heures de surveillance nous échangions beaucoup, nos regards ne se croisaient jamais. Nos yeux restaient rivés en direction des rues adjacentes, à l'affût du moindre comportement suspect. Si l'un de nous émettait un doute, on descendait d'un même élan du véhicule. Et c'était parti pour une filature qui pouvait durer des heures.

La radio nous interrompait souvent au milieu de nos discussions. Quand TNZ 75 police-secours parlait, nous faisions instantanément silence, suspendus aux paroles du collègue qui nous balançait l'appel reçu du 17. Si un collègue parlait un peu fort sur les ondes, ou si la radio émettait un bruit de deux-tons, le réflexe était instantané : silence !

La vitesse d'intervention est souvent décisive. Lorsqu'un appel tombe, il faut être réactif. Aussi, pour se rendre sur les lieux en un minimum de temps, il est impératif de connaître parfaitement la topographie.

J'étais souvent le chauffeur de notre petit groupe. Quand nous avions du temps à tuer, nous jouions à un petit jeu. Mes collègues prenaient leurs indicateurs des rues de Paris, lançaient le nom d'une voie, et je devais dire dans quelles rues elle commençait et se terminait. Les tenants et les aboutissants. Regarder dans son indicateur pour savoir s'orienter fait perdre un temps précieux. Même aujourd'hui, avec un GPS, cela reste valable.

La vie me semblait belle, notre équipe était plus soudée que jamais, déterminée, forte, invincible ! Et puis, j'étais amoureux.

À mon arrivée à Paris, comme nombre de mes jeunes collègues, j'avais trouvé un minuscule studio boulevard de Picpus dans le XIIe. Trop de bruit, trop de klaxons, trop de monde, pas assez de verdure ! Avec Clément, à mes côtés à l'école de police et plus tard dans l'affaire du square Léon, l'idée avait alors germé de prendre une colocation pour moins cher, plus grand, et loin du brouhaha ambiant. Au bout de six mois, nous avions trouvé un appartement à Fontenay-sous-Bois, à cent mètres de la porte Jaune. Comme nous avions le même job et les mêmes horaires décalés, cette cohabitation n'avait présenté que des avantages.

Quand Clément fut muté à Lyon, Isabelle accepta de s'installer avec moi à Fontenay-sous-Bois. Il suffit d'acheter un nouveau lit !

Je songe avec amertume à cette période bénie. Jamais je n'aurais imaginé perdre vingt ans plus tard celle que j'aimais, perdre le goût de mon métier. Comment aurais-je pu soupçonner que ma vie basculerait d'une manière si insidieuse que je ne verrais absolument rien venir ?

Cet engrenage invisible se mit en branle le soir du 9 avril 1999. J'étais au téléphone avec Isabelle. Comme chaque soir, nous nous appelions au début de ma nuit de service, juste avant qu'elle se couche.

— Ta journée s'est bien passée ? Oui. Si je ne rentre pas trop tard, j'apporte le pain frais et les croissants. Je t'embrasse…

La radio grésilla. Appel du 17.

— Attends, Isa, une seconde.

La règle est la même pour tout le monde : ça grésille alors silence, on écoute !

— Blessé par balle au square Léon.

— (À mes collègues :) Putain, on est à quatre cents mètres. (À Isabelle :) Je te laisse, Isa, on y va !

J'ai cette capacité, qu'ont la plupart des flics, à basculer d'un monde à un autre en quelques millièmes de seconde.

Action !

Il est minuit et nous arrivons sur place en moins de deux minutes. À peine sommes-nous descendus de voiture qu'un individu nous menace avec son arme, un .357 Magnum. Par réflexe, nous braquons instantanément nos .38 sur lui. La situation est confuse. Je balaie la rue du regard. L'homme est escorté par six autres types, tous la vingtaine et d'origine africaine. L'atmosphère est électrique. Aucun blessé en vue comme annoncé sur les ondes. Qu'est-ce qu'on fiche là ? Que nous veut ce dingue ? Pourquoi s'en prend-il à nous ? Un dialogue insensé s'ouvre avec lui et ses acolytes.

— Pose ton arme ! gueule Clément.

L'homme est surexcité, clairement dans un état second.

— Je vais me tuer ! hurle le jeune type, les yeux injectés de sang. Si vous approchez, je vous flingue !

— Vas-y, Souleymane, tire ! l'encourage une voix dans son dos.

— Lâche ton flingue ! insiste Clément.

J'interviens à mon tour, la main crispée sur la crosse de mon arme.

— Lâche-le ! Tout de suite !

Autour de nous, la tension de la bande est palpable. Certains rigolent même, d'autres attisent la folie du désespéré.

— Tire, vas-y !

L'homme s'adresse à ses potes, un sourire mauvais aux lèvres.

— Je vais les fumer et me fumer derrière.

— Vas-y, Souley, insiste la voix, t'as six cartouches. Cinq pour les keufs... une pour toi.

— Lâche ton arme, hurle encore Clément.

Solidement campé sur ses jambes, il est prêt à tirer.

— Ouais, balance ! insiste un type immense en sweat rouge.

Le désespéré hésite toujours et ça se voit dans son regard. Nous tuer ? Se tuer ? Tour à tour, il nous braque et porte l'arme sur sa tempe. Irrésistiblement happé par le canon de son arme, je vois les balles briller. Le barillet est bien garni. Je fixe la mort droit dans le canon.

Entre-temps, le renfort arrive : des collègues de la Bac 75. Avec mes équipiers, nous nous comprenons du regard. La prochaine fois qu'il porte l'arme sur sa tempe, on se jette sur lui.

— Je vais me tuer ! beugle-t-il en tournant le canon vers sa tête.

Maintenant ! On fonce ! S'ensuit une mêlée. Un coup de feu part. Qui est touché ? Je n'en sais rien, mes collègues non plus. On se regarde, on se rassure. Aucun de nous n'est blessé. Le type au sweat rouge est au sol. Une balle lui a traversé la gorge. La lutte pour menotter l'individu se poursuit. Finalement, nous parvenons à le maîtriser et nous l'évacuons vers le commissariat de la Goutte-d'Or, à trois cents mètres de là, tandis que les pompiers s'occupent du blessé.

À notre arrivée, l'individu s'écroule d'un bloc. Les sapeurs-pompiers sont appelés, leurs gestes sont efficaces, rapides. Ils le déshabillent, entament un massage cardiaque. Hélas ! le diagnostic tombe : l'homme est mort d'une balle en plein cœur.

Comment est-ce possible ? Quelques instants plus tôt, nous nous battions avec lui. C'était après le coup de feu. Et c'est bien la question que tous se posent, tandis que nous faisons notre rapport à l'officier de permanence.

— Vos armes, s'il vous plaît, messieurs. Vous êtes en garde à vue, nous lance un officier de police.

Nous sommes abasourdis. Il y a quelques minutes, notre vie ne tenait qu'à un fil. Nous avons attendu l'instant propice pour intervenir, nous sommes soulagés d'être vivants et, là, un gouffre s'ouvre sous nos pieds.

Il est 1 heure du matin, nous sommes rapidement séparés, traités comme des suspects : test éthylomètre, empreintes canoniques (pour vérifier si nous avons fait feu par les dépôts de poudre sur nos mains), rédaction du procès-verbal d'intervention et séquences d'auditions individuelles, entrecoupées de longues plages d'attente.

Par chance, un commandant veille à « alléger » notre garde à vue. Nous ne sommes pas bouclés au mitard et il nous assure que, si nous coopérons, notre garde à vue restera officieuse. Nous n'avons rien fait, sinon nous défendre face à une agression gratuite et violente. Pourtant, nous sommes retenus jusqu'à 18 heures, dans l'attente des résultats de l'autopsie. Cette dernière confirme nos dires :

« Souleymane F. a été tué par sa propre arme, au square Léon. Le coup de feu est parti à bout portant, le touchant dans la mêlée, le blessant mortellement mais traversant aussi le cou de Mamadou D. »

La flamme du canon a cautérisé la plaie et les médecins légistes déterminent que l'individu a pu vivre encore sept minutes après le coup de feu. La balle a traversé son cœur pour se loger dans la gorge de son acolyte.

Nous sommes passés à un cheveu de la mort : le jeune qui a reçu la balle dans la gorge se trouvait derrière Clément et moi, et l'individu qui a tiré, face à nous. La balle de .357 est donc passée par miracle entre nous deux.

Le commandant en personne vient nous prévenir :

— Messieurs, vous êtes libres. Vous pouvez rentrer chez vous.

La tractation avec le tireur a duré neuf interminables minutes, une éternité pendant laquelle mon équipe et moi avons expérimenté cette angoisse insondable qui précède la mort. Julien, Clément, Mathieu et moi avons risqué notre vie pour être placés en garde à vue.

Aujourd'hui encore, dix-sept années plus tard, à quelques minutes de me fiche en l'air, je vois distinctement l'éclat des cartouches et le barillet de l'arme que ce dingue braquait sur moi.

Sans le talent des légistes, ma vie aurait bifurqué. Si j'avais décroché ce jour-là, aurais-je construit une autre histoire ? Peut-être Isabelle ne m'aurait-elle pas quitté ce matin.

Mais nous étions vivants, tous les quatre. Et libres. Nous avions accompli notre job. Niveau adrénaline, j'avais été servi.

En rentrant à la maison, je passai devant un kiosque. Un gros titre du *Monde* attira mon attention : « Un jeune homme de dix-neuf ans meurt au square Léon dans des circonstances obscures ».

J'étais sidéré de découvrir le traitement de notre action et la manière dont elle se trouvait déjà déformée.

À peine arrivé chez moi, j'ai rejoint ma femme. Je devais la rassurer, la consoler, lui raconter. Elle avait eu si peur. Je ne devais pas montrer de fragilité, ma carapace de flic me protégeait de tout, même si je venais d'avoir la plus grosse frayeur de ma vie, même si j'avais cru mourir durant neuf longues minutes.

Dès le lendemain, j'étais à mon poste. Normal, la veille avait été un jour comme un autre. La preuve : on était rentrés à quatre.

Sans mon arme, envoyée à l'expertise balistique, je n'ai pu patrouiller les trois nuits suivantes et je suis resté dans l'enceinte du commissariat. Des nuits à parler avec mes collègues, à ressasser l'intervention, nos émotions, nos interrogations. La mort du jeune homme choqua le quartier de la Goutte-d'Or, provoquant une marche silencieuse de mille cinq cents personnes, une semaine d'émeutes et des dizaines de véhicules brûlés. Avec mes collègues, nous avions juste voulu protéger cet homme de lui-même. Non seulement nous avions échoué, mais nous étions la cause de la mise à feu et à sang de tout le quartier.

Nous avons appris, durant ces trois nuits-là, que le jeune Souleymane avait été mis en examen pour viol et qu'il voulait se suicider. Il avait rejoint ses amis, leur avait expliqué ses intentions et montré le revolver. Face aux six balles du barillet, l'idée avait alors germé de tuer cinq flics et de se réserver la dernière balle – du moins est-ce ainsi que les faits m'ont été présentés.

Je pris conscience que, être flic, c'est aussi essayer de ne pas mourir, c'est aussi sauver des types qui nous agressent ou tentent de nous flinguer. C'est n'être à l'abri de rien. Nous pouvons passer *de l'autre côté* en un claquement de doigts. Et notre parole ne vaut pas grand-chose... Le formidable travail des experts nous épargna la mise à pied, voire le risque de finir derrière les barreaux.

Mes collègues et moi avons décidé de nous acheter des gilets pare-balles. Nous étions jeunes et nos moyens étaient limités. Le vendeur nous laissa repartir avec nos gilets et accepta de nous faire crédit. À cette période, les paiements en trois fois sans frais n'existaient pas. Il les inventa pour nous. Ce gilet ne me quitterait plus, et se généraliserait deux ans plus tard.

Avec Julien, Mathieu et Clément, nous nous sommes mutuellement aidés à surmonter notre traumatisme, à aller de l'avant. Le soutien de mes pairs était vital. Je me sentais moins seul dans nos interventions. Je découvrais que, ce sentiment de peur, chacun de nous devait le gérer. Car oui, nous avions tous eu très peur. L'uniforme ne nous protège de rien, contrairement à ce que l'on peut croire. Parfois même, il nous expose, suscite la violence, la haine de ceux que notre mission nous dicte de protéger. Nous n'avons pas de cape de super-héros. Nous sommes des êtres humains normaux placés dans des situations extraordinaires. Et il nous faut faire avec.

En 1999, le SSPO[1], service de soutien psychologique opérationnel de la police nationale, existait pourtant

1. SSPO : le Service de soutien psychologique opérationnel de la police nationale est un service d'aide aux personnes, à visée psychothérapeutique

depuis trois ans. Nous avions vécu une intervention conclue par la mort d'un homme par balle, nous avions été mis en cause, nous avions frôlé la prison et subi un déferlement médiatique. Pour autant, aucun d'entre nous ne vit ni n'entendit parler d'un psychologue. Par voie de conséquence, pour nous, ce que nous venions de vivre était absolument normal.

C'était reparti, mais différemment ; parce que le sentiment de peur nous avait happés. Une sensation brutale qui vous écrase. Une compagne sournoise qui s'installe dans vos tripes. Nous nous étions sentis si vulnérables. Notre façon de percevoir les choses et d'intervenir se modifia en profondeur.

Cette nuit nous souda davantage encore. À la vie, à la mort. Nous passions tous les moments importants de nos existences ensemble. Noël, le jour de l'An, nos anniversaires... de telle sorte que nos familles, elles aussi, se rapprochaient. Nous prenions soin les uns des autres, avant, pendant, et surtout après les interventions, dans cette période délicate où la tension retombe.

Cela modifia aussi profondément notre force de détermination dans l'action. Nous avions fait notre possible pour épargner la vie de l'homme qui nous menaçait... et il était mort. Finalement, mes collègues et moi étions d'accord sur un point : nous avions mis nos vies en danger pendant neuf minutes pour que l'individu meure quand même. Dorénavant, autant minimiser les risques pour nous, donc raccourcir le temps de réaction. À dater de ce moment, quand je sors mon arme, s'il y a besoin de faire feu, je fais feu. Mon temps de réflexion se compte désormais en secondes.

---

et préventive. Il a été créé en 1996 après une année noire marquée par le suicide de soixante-dix policiers.

Cette détermination-là, tous ceux que j'ai dû braquer depuis l'ont parfaitement perçue. Il n'y eut plus jamais de négociation, seulement l'ordre ferme de déposer l'arme. Et fort heureusement, à chaque fois, l'arme fut déposée.

Quelques semaines plus tard, nous recevrons une rétribution pour cette opération. Un soir, je suis appelé par mon capitaine de brigade à le rejoindre dans un petit bureau situé au bout d'un couloir. Et là, à l'abri des regards, il me remet une somme d'argent en liquide. Il est d'usage de récompenser ainsi, sans délai, les policiers méritants à la suite d'une intervention. Il me gratifie solennellement de 230 francs (35 euros), me tendant un billet de deux cents et un billet de cinquante francs, ajoutant :

— Vous auriez la monnaie ?

Je découvre alors la valeur de la vie d'un gardien de la paix en Bac pour l'administration… Avec mes collègues, nous décidons d'en rire. Se plaindre n'aurait rien changé à l'affaire.

Il est sûr qu'à l'heure où je dresse le bilan, où ma vie a perdu tout sens, il les prendrait en pleine tronche, ses 230 francs ! Mais la stupéfaction, l'incompréhension, ou même la pensée que quelqu'un avait été assez stupide pour ordonner cette gratification nous coupa toute envie de rébellion. D'autant que le capitaine semblait au moins aussi gêné que nous. Nous étions en vie, le principal était là, non ?

La Bac 18 m'apportait toujours son lot de situations en tout genre. À force, je connaissais parfaitement notre secteur, et aussi nos délinquants. À une seule voiture, nous procédions à dix, douze, parfois quinze arrestations par semaine. Pas de l'alimentaire, comme ce sera le cas pour certains sous l'ère Sarkozy, où les motards devront garantir un nombre minimum de procès-verbaux – car là est leur cœur de métier, bien sûr ! – et les policiers de la Bac un certain nombre d'interpellations.

Je me souviens de la douceur d'une nuit de juin 1999. Les touristes avaient envahi Paris, les rues de Montmartre et de Pigalle étaient noires de monde. Des centaines de victimes potentielles se baladaient ou dînaient en terrasse. Des hommes et des femmes pour lesquels nous sommes là, sur lesquels nous veillons, auprès desquels nous patrouillons.

Ce soir-là, le calme fut de courte durée. Un collègue venait de nous raconter son intervention de la veille – pour appréhender « un exhibitionniste avec comme signe particulier une queue-de-cheval » –, et le crépitement de la radio stoppa net notre fou rire. D'entrée, au ton empressé de la voix de l'opérateur du 17, nous comprenons que c'est du sérieux.

— Rue Ordener, au niveau du 12. Un homme tire sur tout ce qui bouge en direction de la rue, depuis sa fenêtre.

Action !

Nous sommes tout à côté. Nos regards se télescopent, j'appuie sur l'accélérateur. Nous arrivons sur le site en moins de trente secondes, en toute discrétion. Les coups de feu retentissent toujours. Impossible d'en localiser l'origine précise, ils proviennent de la cour intérieure d'un immeuble. Il faut agir vite. Pas question de nous retrouver piégés sous les tirs. Arme au poing, nous avançons mètre par mètre. Après l'inspection de deux cours intérieures, la troisième est la bonne. Nous localisons la fenêtre du quatrième depuis laquelle l'individu fait feu. Pour accéder à la cage d'escalier qui mène à lui, il faut traverser cette ultime cour, donc s'exposer à ses tirs. Nous tenons la position tandis qu'un nouvel équipage, arrivé en renfort, tente vainement de trouver un autre accès. Il nous faut traverser. À cette époque, pas de casque ni de bouclier balistique, nous n'avons que nos gilets pare-balles personnels.

Les coups de feu s'enchaînent. Plus le choix. Il faut y aller. Nous décidons de compter les déflagrations ; une, deux, trois, quatre, cinq, six. S'ensuit une série de cliquetis à laquelle succède un grand silence. L'homme est à sec. Il recharge certainement. Maintenant ! Nous fonçons d'un bloc, traversons la cour, grimpons les escaliers jusqu'au troisième, puis progressons prudemment. On ouvre les angles, on se parle du regard. Alors que nous arrivons à quelques marches du quatrième étage, une forte odeur de poudre nous enveloppe. La fenêtre du palier est ouverte. Personne. L'individu nous a-t-il vus traverser ? S'est-il planqué plus haut ? Est-il rentré chez lui ? Nous en sommes encore à nous interroger quand il surgit d'un appartement, arme de poing à la main. Là, face à nos calibres .38 Special, et surtout face à notre détermination farouche, l'individu se fige. Nos regards se heurtent. Il laisse tomber son arme au sol. Nous l'interpellons sans résistance.

Cette nuit-là, nous avons fait le job et atteint l'objectif numéro un qu'on se fixe à chaque sortie :

— On part à quatre, on rentre à quatre !

Le travail était constant, colossal, valorisant, gratifiant. Une nuit, alors que nous rédigeons un procès-verbal d'interpellation à l'hôtel de police rue de Clignancourt, le collègue de faction devant le commissariat se rue à l'intérieur. Livide, il nous demande de le suivre. Nous sortons sans perdre de temps, et là, stupeur : un homme nous regarde sans ciller. Un couteau est planté dans sa tempe, jusqu'au manche. Le souffle court, il s'adresse à nous d'une voix étonnamment calme.

— Faut aller rue Ramey. Un type a braqué un bar.

Le sang dégouline sur son visage, pourtant l'homme ne semble pas mesurer la gravité de sa blessure. La lame est profondément enfoncée dans sa boîte crânienne. Inquiets, nous l'invitons à entrer et à s'asseoir. Il nous suit de bonne grâce, le pas lent mais assuré, et nous raconte les faits en détail.

— Je buvais un café au bar… un type est entré… il a dit au patron de lui donner sa caisse. Il n'a pas voulu. Le type l'a frappé… J'ai voulu l'aider comme j'ai pu… Mais le type a sorti un couteau et m'a planté. Après il a tiré sur deux clients. J'ai fait le mort… dès qu'il est parti, j'ai couru jusqu'ici.

Nous fonçons vers le bar en question. Trois hommes gisent à terre, deux clients et le patron. Je m'agenouille à leurs côtés. Ils sont morts.

Notre rôle s'arrêta là. La police scientifique et les enquêteurs prirent le relai. Entre-temps, nous fîmes bien sûr appel aux sapeurs-pompiers et au Samu afin qu'ils prennent en charge l'homme poignardé et les victimes du bar. À leur arrivée au commissariat, leur surprise valait la nôtre. Ils prodiguèrent à l'homme au couteau dans la tempe des soins très succincts. Retirer le couteau aurait entraîné une hémorragie sévère. Le pauvre homme ne survécut pas.

Je faisais mon job en y prenant énormément de plaisir, même si je commençais à me sentir à l'étroit dans le XVIIIe arrondissement. Je m'entendais de mieux en mieux avec les collègues de la Bac 75 N[1] qui venaient souvent *chasser* sur nos terres. Un jour, au hasard d'une patrouille, nous croisons des copains de cette brigade. Ils nous disent avoir besoin de recrues : nous sommes les bienvenus dans leur groupe.

Ni une ni deux, je retourne au commissariat pour faire ma demande d'affectation. Peu de temps après, je passe l'entretien, les tests, et c'est tout bon. Ma mutation se fait à la vitesse de l'éclair. Deux semaines plus tard, je suis à la prestigieuse Bac 75 N, la Bac départementale de Paris. Dorénavant, mon terrain de chasse s'étend aux vingt arrondissements. Je vais conduire des véhicules noirs ou bleu marine floqués des lettres P-O-L-I-C-E sur les portières latérales. Plus gros territoire, plus grosses affaires, plus d'adrénaline !

Au niveau personnel, tout allait bien. Ma femme avait achevé ses études et trouvé un travail. Elle était heureuse pour moi, comme je l'étais pour elle. Pourtant, les premiers signaux de mon mal-être étaient déjà là. Je n'étais ni tendre, ni affectueux. J'avais comme perdu le contact avec mes émotions. Depuis l'affaire du square Léon, des habitudes se mettaient sournoisement en place. Des réflexes inconscients nés de la peur ressentie cette nuit-là.

Nous nous sommes par exemple juré de ne jamais plus nous quitter fâchés avant mon départ au travail. Comme le dit l'ancien colonel des troupes de marine Michel Goya : « La mort est une hypothèse de travail ». Une prise de conscience qui bouleversa le regard que je portais sur la vie à un âge où la mort devrait rester une notion très lointaine.

---

1. Bac 75 N : Brigade anticriminalité de nuit de Paris.

Depuis cette nuit-là, et sans nous être concertés, nous ne nous appelions plus quand j'étais en service, à moins d'avoir une chose importante à nous dire. Comme pour conjurer le sort, par superstition, pour éviter que cela recommence. Cette intervention nous avait traumatisés et avait modifié nos habitudes de couple.

Je commençais à moins dormir. Je cauchemardais et il m'arrivait de revivre certaines scènes. Le canon du .357 Magnum, le barillet, les quatre balles qui luisaient de part et d'autre du canon. J'allais désormais sur les interventions en maintenant mon attention au maximum.

J'étais jeune, je croyais gérer. Enfant, j'avais appris à ne pas livrer mes sentiments pour ne pas être moqué encore davantage. Je découvrais comme cette capacité m'était utile dans un métier où maîtriser ses émotions est une obligation.

6

En novembre de l'année 2000, je franchis pour la première fois les portes de l'austère caserne de la Bac 75 basée, pour quelques mois encore, rue de Courcelles, aux abords du parc Monceau. Six cents policiers occupaient alors les six mille cinq cents mètres carrés des fameux terrains de Beaujon, vendus depuis à la bougie par le ministère de l'Intérieur pour 181 millions de francs à un grand groupe hôtelier.

On me remit la nouvelle tenue des *bacmen* de la Bac N : une cotte bleu marine sous laquelle je pouvais m'habiller à ma guise. Fini, le costard-cravate de mes débuts à la Bac 18 ! J'étais fier de porter le célèbre écusson figurant un hibou doré, ailes déployées au-dessus de Paris. J'avais vingt-cinq ans et je ressentais une pression proche de celle que j'avais éprouvée en arrivant à la Bac du XVIIIe. Mes nouveaux collègues m'observaient. Ils me jaugeaient, m'évaluaient. Je n'en menais pas large. Intimidé au milieu des fameux *bacmen*, je connus néanmoins les plus beaux moments de ma vie.

La Bac N compte trois compagnies de soixante-dix gardiens de la paix, dont les plus anciens du métier. Des flics du milieu des nuits parisiennes, de ceux qui inspirent les auteurs de polars. Et j'en étais ! J'avais hâte de trouver ma place, de faire mes preuves, de prouver, à ces femmes et à ces hommes que j'admirais, que la jeune recrue était à leur hauteur.

À leur arrivée, les nouveaux tournent avec tous les équipages. Une méthode éprouvée pour apprendre à se connaître et trouver les meilleures affinités, avant de patrouiller en équipage constitué. Esprit d'équipe et confiance mutuelle sont essentiels pour sillonner les rues, pourchasser, interpeller.

Je fus repéré pour mes qualités de conducteur. Mais pour devenir chauffeur en titre d'un équipage et conduire les grosses cylindrées de la police nationale, il faut être titulaire du permis VR (véhicule rapide). On m'envoya donc en stage de conduite sur le circuit du Mans. Depuis mes seize ans, je sillonnais les circuits à travers la France avec ma Ducati 748. Ces deux journées de formation s'annonçaient donc inoubliables. Le stage était exigeant pour qui aime la vitesse et les sports mécaniques : sur quatorze stagiaires par session, seuls trois en moyenne décrochent le diplôme. On y apprend à conduire vite tout en gérant le stress, à respecter les transferts de masse du véhicule et à prendre les trajectoires idéales. Tous les policiers amenés à conduire devraient y passer car, même sans diplôme, suivre ce stage modifie radicalement la pratique. Il est dommage que cela reste, pour des questions budgétaires, réservé à des services bien spécifiques.

Je fus ainsi titulaire du permis VR et, dans la foulée, nommé chauffeur de mon premier équipage constitué. À mes côtés, Renaud, un ancien brigadier de la Bac N, et Cédric. Renaud était un type qui en imposait : chauve, hyper costaud et trapu. Il répétait avant chacune de nos interventions potentiellement rudes :

— On va pas se faire c… la b…, machin tout le bordel !

Nous prenions un malin plaisir à lui piquer sa phrase.

Quant à Cédric, nous avions évolué ensemble de la brigade police-secours à la Bac du XVIIIe, puis à la Bac N.

Nous prenions nos marques ensemble, tandis que j'intégrais la topographie du nord de la Seine. D'abord les grands axes, pour se déplacer rapidement, ensuite les noms de toutes les portes de Paris, leur ordre sur le périphérique dans un sens ou dans l'autre. Les virages dangereux, les points de freinage, les points de corde. Mais, avant tout, les dangers à éviter.

Tous les accès du périphérique ne sont pas les mêmes. Certains se referment en formant un escargot serré, d'autres sont courts et aboutissent brutalement sur le périphérique. En course-poursuite, les connaître parfaitement permet d'anticiper, d'accélérer au bon moment et de freiner à temps, contrairement à la plupart des fuyards. Renaud me mit vite à l'aise. Je garde le souvenir d'un homme qui m'accorda sa pleine confiance.

Je connus mes premières affaires : des véhicules volés, des roulottiers, des vols avec violence. C'était l'époque où les *car-jackings* firent leur apparition. Les véhicules de luxe étant de plus en plus équipés contre le vol en stationnement, nos « clients » s'étaient adaptés. Ils attendaient que les conducteurs soient arrêtés au feu pour se ruer sur la portière, les extraire de leur siège, se mettre au volant et s'enfuir.

À l'annonce radio d'un vol de voiture, les véhicules de police en patrouille se placent rapidement à toutes les portes de Paris. Dans les minutes qui suivent, le véhicule volé est « levé », c'est-à-dire repéré, et la chasse lancée.

Nous étions souvent placés sur la trajectoire du véhicule en fuite. Une part de chance, sûrement, mais encore et toujours une parfaite connaissance de la topographie et du terrain.

Une nuit, Renaud m'annonça sa mutation prochaine à Bordeaux. Son départ était fixé au 1er septembre. Il me faudrait donc trouver un nouvel équipage. À ce moment, j'étais connu au sein de la Bac N et plusieurs chefs de bord vinrent me solliciter pour être leur chauffeur. Comme à mon arrivée, dix mois plus tôt, je recommençai à tourner avec tout le monde pour trouver les meilleures affinités réciproques.

C'est là que je fis la connaissance de Patrick, major d'équipage expérimenté, la cinquantaine. Averti de mes qualités de chauffeur, il me demanda de devenir le joker[1] de son équipage, la Bac 300. J'acceptai volontiers ce rôle. Dès mes premières sorties en joker, je pris un immense plaisir à patrouiller avec Patrick. Il faisait équipe avec son épouse, cas rare dans les équipages constitués de la Bac. En général, les chefs veillent à l'éviter, surtout lorsque les couples ont des enfants, suivant la même logique que celle de certains parents qui voyagent sur deux vols distincts lorsqu'ils partent sans leurs enfants, pour réduire le risque qu'ils restent orphelins. Les leurs étaient de jeunes adultes, et le statut hiérarchique de Patrick, supérieur à celui du chef de brigade, permettait cette situation. J'aimais rejoindre leur équipage. Ils étaient efficaces, professionnels et ne craignaient jamais d'entrer en action. Leurs intuitions étaient fortes, leur capacité d'anticipation admirable. Tourner avec eux donnait lieu à des moments mémorables !

Certaines nuits, chacune de leurs communications m'était adressée, comme si l'autre n'était pas à bord. J'en

1. Joker : le policier qui prend le relais lorsqu'un des membres d'un équipage constitué doit s'absenter.

déduisais qu'ils s'étaient fâchés avant d'arriver au boulot. Alors, je m'adressais à l'un, puis à l'autre, et répétais les phrases comme le ferait un traducteur, mais sans avoir à changer de langue ! Au fil des heures, l'atmosphère se détendait et la nuit se terminait parfois à 7 heures du matin sur les Champs-Élysées, autour d'une bonne choucroute à la Maison de l'Alsace.

Je n'aspirais qu'à les rejoindre à plein temps et j'attendais avec impatience la mutation du chauffeur attitré de leur équipage de choc.

Deux à trois fois par an, avec l'ensemble de la compagnie, nos officiers, et nos conjoints qui le souhaitaient, nous nous retrouvions pour dîner et faire la fête. Nous sommes des « nuiteux », la fatigue n'arrive jamais avant 6 ou 7 heures du matin. Ainsi, nos soirées se terminaient, même l'hiver, bien après le lever du jour !

Au milieu des miens, je retrouvais un peu d'insouciance.

Cette fois-là, une interminable table de banquet avait été installée dans les locaux de l'Anas[1], à Joinville-le-Pont. Nous étions une centaine de fêtards, la soirée battait son plein, et le DJ venait de lancer « Give Me The Night ». George Benson, un must ! Je m'apprêtais à rejoindre la piste avec Isabelle quand un capitaine vint me trouver.

— Tof, tu veux faire partie de mon équipage ? J'ai déjà un chauffeur, mais j'en veux un deuxième.

Il me fallut quelques secondes pour prendre la mesure de sa proposition… et de ses conséquences.

— Oui, oui, bien sûr ! Avec grand plaisir, mais il y a juste un truc…

1. Anas : Association nationale d'action sociale.

— Quoi donc ?

— Je suis joker de l'équipage Bac 300 et, le jour où Patrick n'aura plus de chauffeur, je veux pouvoir me libérer pour le rejoindre.

Un peu surpris par cette requête inhabituelle, le capitaine accepta.

Je démarrai alors un nouveau cycle de travail, bien plus confortable, calqué sur les horaires de cet officier. La mission de l'équipe, à l'indicatif « TO », était la même, hormis lors d'événements particuliers – par exemple, lorsqu'une action impose d'ouvrir le feu ou lorsqu'un refus d'obtempérer dégénère – où nous étions toujours appelés pour que notre officier supervise les interventions. J'avais de nouveaux collègues et, avec le premier chauffeur, nous nous entendions à merveille. Être deux nous facilitait grandement la vie, car nous n'étions plus obligés de conduire une ou plusieurs nuits d'affilée. Un formidable confort car, lorsqu'on est le seul autorisé à conduire le véhicule rapide, la fatigue rend certaines nuits très éprouvantes.

Nous enchaînions de belles affaires très variées, mais les vols de véhicules et les courses-poursuites avaient notre préférence. Et si le préfet de police envisagea un temps de nous retirer nos grosses cylindrées, nos résultats l'amenèrent vite à revoir sa position : en un an, la Bac 75 N participait en moyenne à quatre chasses par semaine, pour un taux d'interpellations de plus de 70 % et un taux d'accidents quasi nul.

Puis vint le passage à l'euro. À partir du 1er janvier 2002, pièces et billets devaient être accessibles au grand public. Le plus grand changement de monnaie de l'histoire récente fut loin d'être anodin pour les forces de police. Les centres de transport de fonds étaient pleins à craquer de liquidités de toute sorte, sept billets et huit pièces, qu'il fallait transporter, stocker, sécuriser et livrer. Et donc, en assurer la garde vingt-quatre heures sur vingt-quatre. Nous fûmes tous mis à contribution, jusqu'aux véhicules de la DOPC[1] et ceux des arrondissements. Les dépassements d'horaires étaient de règle, mais la mission prime toujours.

Le mois de janvier s'acheva sans encombre et le passage à l'euro se fit paisiblement. Ce type de mission de « gardiennage » est ennuyeux, interminable, et la fatigue commençait à se faire sentir. Les centres de transport de fonds étant moins pleins, leur surveillance pouvait être levée.

Ce lundi matin, à la fin de notre service, nous sommes donc soulagés : plus de centres à garder ! La nuit a été calme, il est 6 heures, nous glissons doucement vers notre base, boulevard Bessières, dans le XVIIe. « Bientôt le lit ! », pensé-je, avachi sur la banquette arrière.

Alors que nous arrivons porte de Saint-Ouen, arrêtés au feu, un peu somnolents, la radio de bord se met à grésiller. Un appel du 17 police-secours :

— Forte explosion au 3, boulevard Ney, Paris 18. Probable accident de la circulation, mais aucune trace d'accident sur le boulevard…

Cette adresse, nous la connaissons, nous venons d'y garder un centre de transport de fonds. Alors, si la requérante ne voit rien sur le boulevard, ce n'est sans doute pas un accident de la circulation. Instantanément, nous pensons à un braquage. Et tous les collègues qui sont dans le secteur pensent à la même chose.

1. DOPC : Direction de l'ordre public et de la circulation.

Action !

Nous sommes à trois portes de là. On fonce ! Moins de trois minutes après l'appel, nous sommes sur place. Sur le boulevard, il n'y a aucune trace d'accident ni d'explosion. Un véhicule d'arrondissement s'annonce à l'arrière du bâtiment. Une autre route y mène, déserte et sombre ; nous sommes tout près. Nous avançons de quelques mètres, lorsque le véhicule d'arrondissement, resté à l'arrière, signale une Renault Espace en fuite avec quatre individus cagoulés à bord. Ils ont failli se percuter. C'est bien un braquage. Nous opérons un demi-tour pour couper la route de la voiture. Pas assez vite. Elle nous passe devant. Une seconde Renault Espace la suit. À son bord, quatre autres cagoulés. Nous les prenons en chasse, mais les voitures sont déjà lancées à pleine vitesse. L'écart se creuse. Distancés, nous annonçons à notre tour :

— Z75, TO en chasse derrière deux Renault Espace. Quatre hommes cagoulés à bord, porte d'Aubervilliers. Ils ont pris la direction du périphérique Nord.

Tous les véhicules disponibles convergent vers le point. Et ils sont nombreux, car la soirée de ce dimanche pluvieux avait été paisible.

Au loin, nous distinguons une voiture sérigraphiée « POLICE » qui croise la route des braqueurs. Ils ouvrent le feu sur la Renault Scenic de nos collègues. Ses vitres volent en éclats, quelqu'un hurle à la radio :

— Je suis touché, je suis touché !

Le véhicule de police finit sa course contre le trottoir, avenue de la porte d'Aubervilliers. Je reconnais mes anciens collègues de la Bac du XVIIIe. Nous prenons les fuyards en chasse. Notre concentration est extrême. Le regard accroché à la route, j'entends une voix commander les pompiers par TN18.

Périphérique, porte de la Chapelle, direction autoroute A1. La circulation se densifie et gêne leur progression. Un avantage pour nous, qui prenons le dessus dans cette circulation dense. C'est alors qu'ils font feu sur les automobilistes pour dégager le passage. À l'arrière, en prévision d'une possible interpellation, je sors les *speed-loaders*[1] de réserve. Avec nos .38 et leurs six cartouches, nous ne ferons pas le poids face à cette bande lourdement armée. Nous continuons pourtant la chasse. Sortie de Paris, autoroute A1. La circulation est plus fluide. Ce n'est plus qu'une compétition de moteurs entre les Renault Espace V6 des fuyards et notre Ford Mondeo 2 litres. Nous leur rendons 10 km/h au moins. Ils s'éloignent avant de disparaître complètement. Nous roulons à fond jusqu'au péage. Et là, surprise, personne ne les a vus passer. Ils ont prévu un véhicule relais. Dépités, nous faisons demi-tour et retournons sur les lieux du casse.

Par miracle, aucun collègue dans le véhicule visé par les tirs n'a été blessé. Le policier qui avait enfilé le gilet pare-balles lourd (un seul par véhicule, pour trois ou quatre hommes) a reçu une balle dans le dos.

Lorsque nous remontons un peu plus haut, porte d'Aubervilliers, nous retrouvons au sol deux chargeurs de kalachnikov scotchés en cul-à-cul et garnis au taquet. Nos .38 étaient effectivement légers face à un tel armement. Au niveau du centre de transport de fonds, l'explosion entendue correspondait à la destruction de son mur arrière, point de passage des voleurs, repartis avec plusieurs millions d'euros.

---

1. *Speed-loader*: petit accessoire en plastique équipé de ressorts qui permet de maintenir six cartouches, avec l'écart nécessaire pour regarnir rapidement le barillet d'une arme à feu.

Les enquêteurs prennent le relais de l'affaire, après nous avoir entendus au cas où un détail pourrait les aider à remonter une piste. Puis nous rentrons à la base pour rédiger notre rapport.

De rares noms circulent sur les auteurs possibles du braquage. À notre avis, vu le mode opératoire, vu le niveau de détermination, il semble probable que nous ayons eu face à nous une figure bien connue du grand banditisme. Ils ne sont qu'une poignée capables d'un tel braquage. Si l'on retire ceux qui sont sous les verrous, si l'on considère l'usage d'explosifs – marque de fabrique de notre suspect numéro un – la conclusion s'impose… mais elle ne sera jamais prouvée et les auteurs jamais identifiés. Les Renault Espace volées seront retrouvées carbonisées quelques heures plus tard.

Après une telle nuit, comment trouver le sommeil ? Comment reprendre pied à la maison ? Il n'est jamais simple de s'endormir après une course-poursuite. Les hormones du stress – adrénaline, noradrénaline et cortisol – restent six heures dans notre sang une fois déclenchées. J'avais du mal à lâcher prise et à rester endormi plus de dix minutes d'affilée. Le moindre craquement, le souffle du vent, le bruit d'un moteur qui tourne, m'éveillaient instantanément. J'étais vidé physiquement, mais ma tension restait à son maximum. Un état de fatigue au long cours qui agissait sur mon comportement.

Le simple fait de rester sans dormir, allongé dans l'obscurité, ne laisse aucun répit aux pensées les plus noires. La nuit, les yeux rivés sur le néant, tout devient disproportionné, insurmontable. Sur le plan professionnel comme personnel, tout est source d'angoisse. Je me levais donc exténué et d'humeur sombre. Et mes pensées négatives entretenaient une mélancolie et une irritabilité quasi constante.

Je suis devenu invivable pour moi-même, pour ma famille. Isabelle a raison de me quitter.

Pour autant, ni mon état d'épuisement, ni mon stress, ni mes mouvements d'humeur ne nous ont alertés. Ni moi, ni elle. Nous ne savions même pas qu'il s'agissait là de symptômes. J'étais fatigué, je manquais seulement de vacances.

En réalité, j'étais entré dans un cercle vicieux. Pour être attentif et éveillé, j'avais besoin d'adrénaline et, pour obtenir ma dose, il me fallait être au travail. Ce besoin est plus profond que la seule envie de rester éveillé. C'était devenu physiologique. Je suis dépendant à l'adrénaline comme on l'est d'une drogue dure. Et, comme tout drogué, je refusais de le voir, de regarder la réalité en face. Il est si facile de trouver des explications à ses addictions, de se mentir à soi-même. En fait, je ne l'identifiais même pas, tant c'était naturel. J'avais eu tant de surdoses de cette hormone que nous fabriquons naturellement sous stress que j'y étais bel et bien accro.

À la maison, je ne supportais plus grand-chose et je voulais de moins en moins sortir. J'étais aux aguets. Il me fallait à tout prix éviter la foule : il me devenait impossible d'aller à un concert ou à un spectacle.

À l'époque, je rêvais d'aller voir le concert des « Enfoirés ». Mais j'en étais incapable. Quand Isabelle a pris des places pour le concert des Rolling Stones au Stade de France, j'ai refusé de l'accompagner sans lui donner la vraie raison. J'avais honte. Comment expliquer cette peur irrationnelle de me confronter à une foule d'inconnus ? Comment lui faire comprendre que je n'aurais pas pu profiter du concert, que mon esprit n'aurait cessé de baliser le terrain, de repérer les accès, de scanner les visages ?

En congé comme en service, je m'interdis de m'asseoir dans le métro, d'entrer dans un lieu public sans en balayer au préalable les abords du regard, je repère les issues et les endroits d'où pourrait surgir un danger. Dans la rue, je scrute les personnes que je croise. Je dois savoir rapidement à qui j'ai affaire ; si la personne est entraînée physiquement, identifier son point de faiblesse, ses forces.

Il m'est impossible de m'asseoir dans un restaurant dos à la porte d'entrée. Une obsession qui induit des comportements marginaux. Si je vais au restaurant avec des personnes que je ne connais pas ou peu, je me dépêche d'entrer pour me ruer sur la place qui me convient. À cet instant-là, rien d'autre ne compte. Si je n'ai pas la bonne place, je dois demander aux gens de me céder leur siège. Impossible de faire autrement.

Je songe à mes enfants. Combien de fois ont-ils dit :

— Non, là, c'est la place à papa !

Je sais qu'ils comprenaient, même si cela pouvait leur sembler contraignant. Ils n'auront plus à s'en préoccuper.

Et puis, je dois dissimuler mes sentiments, ne montrer ni crainte, ni surprise, ni tristesse. Je m'interdis même de montrer que j'ai froid. Ce sont les faibles qui tremblent ! Rien dans mon attitude ne doit trahir l'éventualité d'une faille. Tenir de telles positions est épuisant et participe à mon état de fatigue général. Mais rien de grave. Les flics vivent et ressentent tous un peu ça, non ?

Cet état me colle à la peau. Ma tenue de flic, il suffit de l'enfermer dans mon casier au commissariat. Mais le reste, comment le sortir de ma tête ? Comment l'arracher de mon esprit ? Comment effacer les images et les sensations qui s'y entassent, insomnie après insomnie ?

Je ne montrais plus mes émotions à Isabelle, j'étais irascible, peu disponible. Nous mettions cela sur le compte de la réalité de tous les couples. La passion du début laissait place à l'amour et le quotidien commençait son travail de sape. Nous veillions à préserver notre couple. Alors, on composait en attendant des jours meilleurs. La route serait encore longue, le chemin sûrement semé d'embûches, mais notre amour l'un pour l'autre vaincrait.

Je le croyais, jusqu'à ce matin. Sa voix résonne dans ma tête. Son visage était défait, ses traits tirés. Isabelle m'a porté le coup fatal :

— Je ne te reconnais plus, Christophe. Tu es là physiquement, mais ton esprit est ailleurs. Ce n'est pas la vie que je veux. Je n'en peux plus. On va partir avec les enfants. C'est mieux.

7

Le lendemain du braquage du centre de transport de fonds, nous sommes retournés au boulot. Personne n'avait vraiment trouvé le sommeil et cela se lisait sur nos visages. Tout en patrouillant, on se remémorait la course-poursuite de la veille :

— Je n'en vois qu'un seul qui aurait pu réussir un casse pareil… On pense au même, non ? Heureusement qu'il avait mis le gilet, Marco… De toute façon, jamais on n'aurait remonté le roi de la belle. T'as vu comme ils ont rafalé les voitures ? Si on les avait serrés, ç'aurait été un carnage…

Personne n'amenait la discussion sur son ressenti, pendant ou après l'intervention, personne ne confiait sa fatigue, la tension éprouvée. Nous mettions ça de côté. Moi le premier. Nous tenions nos émotions à distance pour ne pas risquer d'être submergés. Un flic, ça ne craque pas, ça gère, ça reste dans le contrôle.

Quelques jours plus tard, nous fûmes invités à nous rendre à la préfecture de police en tenue d'honneur. Fourragère rouge[1] sur l'épaule, nous étions une petite dizaine de collègues à nous avancer à l'appel de nos noms pour recevoir une enveloppe avec, cette fois, une gratification substantielle en liquide. Puis, on ouvrit une

1. Fourragère rouge : cordelière de soie à un ferret portée par les personnels de la police parisienne, dont la couleur symbolise la Légion d'honneur qui décore depuis août 1944 le drapeau des gardiens de la paix parisiens.

porte donnant sur une magnifique salle de réception. Le préfet de police nous y attendait pour nous féliciter et discuter autour d'un somptueux buffet.

Tandis que nous trinquions, je ne pouvais m'empêcher de songer à cette nuit de 1999 où nous avions été appelés pour désarmer l'individu armé qui menaçait de se flinguer, et qui nous avait mis en joue, dès notre arrivée, pendant neuf interminables minutes. Pour rien ; il était mort. Et où, pour seul réconfort, avec mes équipiers de la Bac 18, nous avions été mis en garde à vue. Là, nous étions récompensés pour une folle et vaine course-poursuite à l'issue de laquelle les escrocs avaient emporté des millions d'euros.

D'ici quelques minutes, je vais mettre fin à mes jours. Les responsables de ma mort ne seront jamais punis. Ils sont trop nombreux, indétectables, irresponsables, inconscients de toutes ces violences invisibles qui ébranlent nos âmes de flics.

Et puis, la routine reprit le dessus. Les affaires s'enchaînaient.

Un soir, Patrick vint me trouver :

— Tof, mon chauffeur va être muté et je te veux, toi, à la place. Tu serais d'accord pour revenir en compagnie ?

Bien sûr que j'étais partant !

Dans le cadre de mon affectation de chauffeur auprès du capitaine, j'étais « hors compagnie », ce qui signifie que j'étais calé non pas sur les horaires des autres équipages, mais uniquement sur ceux du capitaine. Rejoindre Patrick impliquait de renoncer à un rythme qui m'assurait un week-end de repos sur deux et de reprendre une alternance de quatre nuits de travail pour deux de repos.

Mais tourner avec ce major expérimenté et sa femme valait bien le sacrifice. J'en parlai à mon capitaine, ainsi qu'à mon équipier, qui bien sûr le comprirent.

De joker, je passai chauffeur attitré de l'équipage Bac 300. Les affaires « déroulaient », comme tout *bacman* le rêve. On ne forçait pas, on ne faisait que de belles interventions : véhicules volés, encore et toujours, armes, explosifs, vols avec violence et même un viol en flagrant délit. Une nuit, alors que nous traversons le bois de Boulogne, des cris nous alertent. Un type surgit du sous-bois, nous le ceinturons puis découvrons une jeune femme en larmes blottie derrière un arbre.

Cette intervention me fit prendre conscience de l'importance de patrouiller, été comme hiver, la fenêtre entrouverte. Entendre la rue peut sauver une vie.

Je connaissais les rues de la rive droite de la Seine par cœur. Nous étions sur tous les fronts. Grisant ! Lors des fêtes de fin d'année, nous avons travaillé quatorze nuits d'affilée et assuré treize courses-poursuites menant toutes à l'interpellation des fuyards. Il manquait rarement un passager à notre trio. Nous entendions sur les ondes :

— Personne n'échappe à la Bac 300 !

Le plus galvanisant des compliments. Un magnifique signe de reconnaissance de nos pairs.

L'une de ces courses-poursuites me marqua tout particulièrement : dans le quartier de la Goutte-d'Or, non loin de Barbès, nous croisons une Ford Fiesta grise dont le haut de la portière s'écarte du toit. Un grand classique. Au début des années 2000, la Ford Fiesta était la voiture la plus facile à voler. La portière a sûrement été forcée afin de permettre au voleur d'y passer son bras pour soulever le loquet qui verrouille la porte. Nous opérons un demi-tour pour nous mettre à sa hauteur et « monter aux clés ». Un discret coup d'œil suffit à confirmer nos soupçons : pas de clé. Le véhicule a bien été volé. Brusquement, tout s'accélère.

Action !

À la seconde où les quatre types assis à l'intérieur comprennent, le conducteur appuie sur l'accélérateur. L'individu tourne en rond dans le quartier de la Goutte-d'Or, sans vouloir en sortir. Il tente de nous semer, emprunte les petites rues, enchaîne les virages, à gauche, à droite. Il semble être du coin. Nous restons à bonne distance. Comprenant que sa tactique ne fonctionne pas, il s'engage boulevard de la Chapelle. Là, il accélère et franchit les feux à vive allure. Nous le suivons tranquillement en annonçant notre progression aux autres équipages Bac. Il peine à se faufiler dans la circulation, alors que nous gérons la filature sans effort. Soudain, il effectue un demi-tour serré sur le boulevard pour s'engager rue Marx-Dormoy. Au loin, au feu rouge, une voiture est arrêtée côté droit ; côté gauche, un motard bloque le passage. Le flot de véhicules remontant est incessant. Impossible pour la Fiesta de doubler en empruntant le contre-sens. Pourtant, le fuyard ne ralentit pas, ses feux de stop restent éteints. Il a clairement décidé de rester sur la voie de gauche. À pleine allure, son véhicule percute le motard. L'homme est projeté dans les airs, sa moto glisse sur le sol. Je parviens à serpenter entre le véhicule et le motard, qui glisse à présent, lui aussi, au sol.

Appel radio aux pompiers :

— Un homme accidenté au niveau du 20, rue Marx-Dormoy.

Nous poursuivons la chasse, comme l'exige la règle pour le premier véhicule suiveur. Conscient que cette poursuite doit cesser au plus vite, je colle au cul de la Ford Fiesta pleins phares ; nos lampes de chantier sont braquées sur elle pour achever d'éblouir le conducteur. Je suis quasi dans son coffre. Arrivé porte de la Chapelle, l'homme s'engage sans ralentir sur l'embranchement pour accéder à l'autoroute A1. À cette allure, il ne passera pas. Il faut lever le pied au niveau de cette bretelle d'accès. Je freine. La Fiesta percute violemment le mur et s'immobilise net. Nous découvrons à bord quatre jeunes d'à peine dix-huit ans, groggy mais indemnes.

Bien souvent, pour faire cesser rapidement une course-poursuite engagée sur le périphérique, il faut presque interrompre la circulation. Les équipages de police, gyrophares allumés, se placent en amont, ralentissent et interdisent aux autres véhicules de les doubler. Dès que l'attention des premiers conducteurs est captée, ils décélèrent encore pour rouler à 20 km/h et provoquer un bouchon. Une tactique qui oblige les fuyards à s'arrêter à leur tour et permet de les interpeller.

En revanche, nous sommes tombés une nuit, place de la Nation, sur un voleur étonnamment lucide. Nous repérons le fameux symptôme de vol sur une Ford Escort. La voiture à la portière pliée bifurque sur le boulevard Voltaire et nous faisons tranquillement demi-tour pour la suivre.

Action !

Dès que possible, nous montons aux clés et notons leur absence d'un coup de lampe. Pas besoin de se parler, nous nous replaçons derrière et actionnons le gyrophare et la sirène de notre Safrane. À notre grande surprise, l'individu au volant, après nous avoir regardés dans son rétroviseur, met son clignotant et s'arrête tranquillement sur le bas-côté. Il s'agit peut-être juste d'un retour de vol ? Une voiture restituée à son propriétaire qui n'a pas encore effectué de réparations ? Par acquit de conscience, nous décidons de contrôler. Mes équipiers descendent et rejoignent le véhicule. L'homme n'a pas bougé. Je reste au volant, moteur tournant, au cas où le véhicule repartirait subitement. Mes équipiers me font signe que son moteur est coupé. Tandis que je les rejoins, je les vois menotter le conducteur.

Pourquoi s'est-il arrêté alors qu'il venait tout juste de voler la voiture ? Je suis si surpris que je lui pose la question. Sa réponse fuse :

— Ben, vous avez vu la voiture que j'ai volée, et vous avez vu la voiture que vous avez ? J'avais aucune chance de vous semer, alors autant m'arrêter !

J'étais à nouveau passionné par mon travail, si heureux de travailler avec l'équipage Bac 300 que mon mal-être cédait du terrain.

Un soir, Patrick me fait opérer un demi-tour pour sermonner une conductrice qui lit le journal en roulant.

— Elle est inconsciente ou quoi, cette dingue !

Je m'exécute. En fait, il s'agit d'un couple d'Anglais, dont la passagère avant – installée à gauche, voiture anglaise oblige – lit la carte routière. Un autre soir, il tente d'indiquer leur chemin à des touristes anglais qui ne parlent pas un mot de français. On dirait Louis de Funès dans *La Grande Vadrouille*, ou Chaudard et ses acolytes dans *La Septième Compagnie*. Patrick, à fond dans son explication, est d'un sérieux inébranlable, les touristes, médusés, et nous, hilares.

La relation était joyeuse entre *bacmen*. Je me souviens de nos rires quand, de la fenêtre ronde qui surplombait le bâtiment en Algeco de nos vestiaires, nous balancions des seaux d'eau sur nos frères. Ça nous donnait un bon coup de fouet en fin de service!

Et c'est là qu'une sale nouvelle est tombée. Le père d'Isabelle était atteint d'un cancer au cerveau. L'épisode Bac 300 devait s'achever, il fallait tourner la page, rentrer auprès de la famille à Dijon.

La mort dans l'âme, je demandai ma mutation. Après neuf années passées à Paris, à ma grande surprise, elle fut acceptée sur-le-champ.

Peu de temps avant mon départ, je vécus une intervention lourde de conséquences... Je commençai la nuit aux abords du Parc des Princes. Il s'y déroulait un match à haut risque: Paris Saint-Germain face à l'Olympique de Marseille. L'accueil des fans serait musclé. Je n'ai jamais trop aimé le football et le folklore qui tourne autour. Je n'ai aucune estime pour les supporters qui ne pensent qu'à s'enivrer et à insulter l'adversaire.

Ce soir de l'automne 2003, nous étions chargés de surveiller la sortie du match. La porte d'Auteuil allait inévitablement se transformer en champ de bataille. Près de quarante-deux mille spectateurs déferleraient dans les rues, certains chauffés à blanc par la défaite.

Le manège est invariable. Dans un premier temps, les supporters s'en prennent à l'adversaire. Insultes et projectiles pleuvent. Puis, si leur équipe perd, ils s'en prennent au quartier. La responsabilité sera ensuite rejetée sur l'arbitre, qui n'a pas fait son job, puis sur les keufs, incapables de comprendre leur besoin impérieux de se défouler.

Marseille a remporté une belle victoire sur Paris, ça promet donc de chauffer. Les gendarmes mobiles sont déjà à l'œuvre pour faire revenir le calme et effectuent des charges progressives pour repousser les supporters dans les rues adjacentes de la porte d'Auteuil.

Planqués dans une de ces rues, nous observons les comportements. Mais à peine avons-nous pris position qu'une horde de sauvages déboule dans notre rue.

Action !

Ça crie, ça hurle, ça insulte. La foule est galvanisée, gagnée par une hystérie collective née d'un mélange explosif d'alcool, de bêtise et de frustration. Et soudain, les regards emplis de haine de supporters furieux se braquent sur une Golf immatriculée dans le 13. Le véhicule a le malheur de stationner sur leur trajectoire. Dans une unité sidérante, la horde sauvage se rue sur la Golf. Les vitres volent en éclats, le pare-brise est arraché, la tôle défoncée. Perchés sur le toit et sur le capot, des types achèvent d'enfoncer la carrosserie en poussant des hurlements dignes de porcs qu'on égorge. Le véhicule est détruit et nous sommes juste capables, depuis notre planque, d'appeler du renfort et de noter les signalements des plus actifs. Que pourrions-nous faire à trois, face à une meute de types déchaînés ?

Et puis le groupe s'étiole, seuls les plus nerveux persistent à rester. Les renforts sont sur le point d'arriver, alors nous décidons d'entrer en action. On sort de notre cache pour fondre sur eux en voiture. Ça se disperse dans tous les sens. Nous suivons les plus virulents. Les équipages Bac s'informent mutuellement par radio de leurs mouvements. Ils courent, nous les suivons en voiture le plus longtemps possible pour les fatiguer. Le moment venu, nous descendons et courons à notre tour. Les choses sont établies d'avance entre nous : quand nous devons poursuivre quelqu'un, je laisse les clés de voiture au major et c'est moi qui m'en charge. C'est plus logique, je suis le plus sportif. Je pars donc à la courette avec mon équipier. Ça se disperse davantage encore. Un jeune type, repéré au préalable comme le plus actif du groupe, focalise notre attention. Nous ne le lâchons pas. Après quelques mètres de poursuite, le jeune, qui a déjà couru un long moment, lâche du terrain. Il ne cesse de se retourner, souffle bruyamment. La distance se réduit entre lui et nous. C'est là qu'il perd l'équilibre et tombe violemment au sol. Nous fondons sur lui et l'interpellons. Il est en sang. Dans sa chute, son crâne a heurté une voiture en stationnement. Comme les autres équipages Bac engagés cette nuit-là, nous avons rempli notre mission.

Pourtant, quelques semaines plus tard, après plusieurs saisies de l'IGPN[1] et de la justice, mon équipier et moi nous retrouvons devant un juge d'instruction.

Lors de notre première convocation au tribunal judiciaire de Paris, nous arrivons les mains dans les poches, sans avocat. C'est là que le juge nous annonce notre mise en examen pour coups et blessures volontaires. Nous sommes sans voix, abasourdis. Qu'avons-nous à déclarer pour notre défense ?

Juste la vérité ! Nous n'avons fait que notre job ; l'homme a vandalisé un véhicule, nous l'avons coursé pour l'appréhender et il s'est ouvert le crâne en tombant, juste avant son arrestation. La preuve, nous sommes là, sans avocat. Comment aurions-nous pu imaginer être sanctionnés pour l'interpellation d'un casseur ?

Après avoir expliqué à de nombreuses reprises les circonstances de la blessure au crâne du jeune homme – par

1. IGPN : Inspection générale de la police nationale.

procès-verbal, par rapport et par oral –, nous sommes mis en examen. Nous avons pourtant fait notre boulot et l'avons bien fait. Seulement voilà, le PSG a perdu ce soir-là et c'est la faute de la police ! Si le jeune homme a détruit une voiture, parce qu'elle était immatriculée dans les Bouches-du-Rhône, ce n'est pas sa faute. C'était une provoc' de trop ! S'il s'est ouvert le crâne contre un véhicule, ce n'est pas sa faute. S'il a été interpellé, ce n'est pas sa faute. En revanche, s'il a dû courir au risque de se blesser pour tenter de nous échapper, c'est notre faute !

Mon collègue et moi sommes seuls face à la machine judiciaire. Lui, membre d'un syndicat, tente en vain de faire appel à ses représentants. Pour ma part, je m'adresse au bureau du contentieux de la préfecture de police pour qu'il nous trouve un avocat. Mais nous n'avons droit à aucun soutien, à aucune aide. La défense pénale d'un flic est possible lorsqu'il est la victime, et nous sommes les auteurs. Quant à notre protection juridique personnelle, elle nous apporte la même réponse. Les frais d'avocat seront à notre charge.

Je comprends alors que l'institution au nom de laquelle nous risquons nos vies sans faillir nous a lâchés.

Nous faisons le choix de payer nos avocats respectifs plutôt que de nous priver de toute assistance. Je quitte donc Paris pour rejoindre ma femme à Dijon, la mort dans l'âme, sous le coup d'une mise en examen.

Je me rappelle parfaitement la dernière heure de ma dernière nuit de travail à Paris. Assis face à mon ordinateur, je tente tant bien que mal de rédiger le procès-verbal d'une interpellation consécutive à une course-poursuite : celle d'un type, la quarantaine, qui a volé une énième Ford Fiesta, et que nous avons déposé au Sarij (Service d'accueil, de recherche et d'investigation judiciaire) du XVIe. Et soudain, les larmes montent. Il est 6 heures du matin, la nuit est noire et je pleure comme un gamin devant mon ordinateur. J'ai du mal à identifier la cause de ma peine, un mélange de tristesse de partir, de lassitude, et peut-être aussi une rage sourde face à l'injustice dont je suis victime.

Quand Arnaud, mon ami et équipier joker de cette dernière nuit, surgit dans le bureau, j'ai du mal à planquer mes larmes.

— C'est des larmes de joie ou de tristesse, Tof?

— Un peu des deux, mais davantage la tristesse de partir.

Comment avouer mon mal-être? Un état que j'avais moi-même du mal à accepter? Un flic de la Bac, ça ne pleure pas.

Peu après mon départ de Paris, ce collègue parisien se donna la mort. Arnaud avait trente-cinq ans, un petit garçon et la vie devant lui. La nouvelle de son suicide me fit l'effet d'une bombe. J'avais mal. Pourquoi s'était-il suicidé? Arnaud était tourmenté et impulsif, mais pas au point de se tuer. Je n'avais rien vu. Il m'avait caché son mal-être mieux que je n'avais caché mes larmes. Si je lui avais dit ma tristesse, peut-être se serait-il à son tour autorisé à me confier son désespoir?

Avec lui, nous riions souvent. J'aimais le chambrer pendant nos patrouilles. Je me souviens de sa passion pour le dernier modèle Volkswagen Bora. Il en était dingue. Chaque fois qu'il en voyait une, il s'exclamait:

— Ah, quelle belle caisse!

J'avais pris le relais et je répétais «ah, quelle belle caisse!» dès que nous en croisions une et jusqu'à ce qu'il s'agace. Un soir, j'ai actionné le gyrophare pour en contrôler une. Il s'est étonné:

— J'ai loupé un truc ? Pourquoi tu veux qu'on la contrôle ?

— Bah, pour que tu voies comment elle est à l'intérieur !

Je remontai à Paris pour son enterrement, je voulais lui dire un dernier au revoir. Je revis mes potes de la Bac, mais le goût n'y était pas. Ce n'était sûrement ni le lieu, ni le moment. Pour finir, l'amertume que j'éprouvai le jour de son enterrement fut telle que je ne revins jamais visiter mes collègues de la Bac N. La page était tournée, dans la douleur.

8

À Dijon, je découvris une autre police, un nouvel univers aux règles et usages très différents. À titre d'exemple, à Paris, même débutant, on m'accordait un jour de congé, soit à Noël, soit au jour de l'An. À Dijon, malgré mes dix années d'ancienneté, je n'avais droit à rien. Mes jeunes collègues étaient prioritaires car seule l'ancienneté à Dijon était prise en compte.

Je rapportai mes armes de service, dont mon tonfa[1]. Là encore, n'ayant pas l'habilitation dijonnaise, mais parisienne, je dus m'en séparer.

Comme aucune place n'était disponible à la Bac, je me suis retrouvé en police-secours. En 2004, Dijon était une ville paisible où il faisait bon vivre. Si calme que l'idée de remonter à Paris m'a vite taraudé. Mais Isabelle a réussi à me convaincre du contraire. Nous venions d'acheter une jolie maison avec une petite piscine en banlieue. Il était hors de question de tout lâcher. Sans parler de passer, deux fois par jour, une heure quarante dans le TGV pour rejoindre Paris. Même si je l'ai fait à notre arrivée, trois mois durant, c'était intenable dans la durée.

Mon beau-père allait si mal que les médecins nous conseillèrent d'avancer la date de notre mariage pour qu'il puisse y assister. Nous nous sommes mariés à la

1. Tonfa : matraque de défense policière équipée d'une poignée latérale.

hâte, entourés de nos parents et de nos proches. Patrick et son épouse étaient les seuls collègues parisiens présents. Nous avons bien fait d'accélérer les choses. Une semaine après les noces, mon beau-père entrait à l'hôpital pour ne jamais en sortir.

Mes préoccupations familiales, et l'amour d'Isabelle et de mes enfants, m'aidaient à supporter l'ennui que j'éprouvais dans mon travail. Presque pas d'action, aucune affinité avec mon nouvel entourage de police-secours. Paris et les collègues me manquaient cruellement. Je me persuadais que chaque journée passée me rapprochait de mon affectation à la Bac. Quant à mon procès, les choses avançaient comme il est d'usage avec la justice : lentement.

Toutes les lettres que je recevais au commissariat émanant du Tribunal de Paris, pourtant estampillées d'un tampon « Confidentiel », me parvenaient ouvertes. Le jour où je reçus la troisième et dernière enveloppe décachetée, je traversai les bureaux, ulcéré :

— Qui ouvre mon courrier ? C'est inadmissible !

J'étais à cran, à force d'ennui, d'injustice, de fatigue. Mais ma réputation était faite : Christophe est violent et ça explique sa mise en examen.

Finalement, après plusieurs auditions interminables où chaque seconde de l'interpellation fut disséquée, des flopées d'experts mandatés, et trois allers-retours entre Dijon et Paris à mes frais, le juge rendit une ordonnance de non-lieu. Mon collègue et moi étions innocents et le jeune homme s'était bel et bien ouvert le crâne tout seul en tombant.

Je fis de nouveau le tour des bureaux du commissariat en brandissant l'ordonnance de non-lieu. Vous voyez, je ne suis pas un flic violent et je ne m'emporte pas pour rien. Et ils pouvaient s'estimer heureux que je ne dépose pas plainte pour violation du secret de la correspondance. Une chose était sûre : j'en avais ras le bol du système judiciaire.

Mais, pour autant, je restais un policier de terrain. Le danger pouvait survenir à tout moment, quand on s'y attendait le moins. Je le savais et, malgré ce quotidien assez pauvre en péripéties, je restais en alerte.

Je ressentais des effets de manque de plus en plus insupportables. Mais de manque de quoi ? À l'époque, je me disais que j'avais juste besoin d'action. Mais la réalité était plus grave. Il me fallait de l'adrénaline. À la Bac N, j'avais mon shoot régulièrement, mais, à Dijon, je connus pour la première fois les effets des « descentes », des moments de tristesse absolue, de désespoir total. Je devais trouver un ersatz, me mettre en danger, me sentir vibrer. Alors, j'enfourchais ma moto et je roulais à grande vitesse pour retrouver un peu de cette précieuse adrénaline.

J'avais presque tous les symptômes permettant de poser le diagnostic d'un stress post-traumatique : hypervigilance, troubles du sommeil, irritabilité et mise en danger délibérée. Mais je n'en savais rien. Personne ne m'avait jamais rien expliqué.

Cette maladie et les épisodes de vie vraiment traumatisants étaient réservés aux militaires en zone de guerre. Pour moi, tout allait bien. Il me fallait juste m'acclimater à mon nouvel environnement.

Donc, je me faisais bon gré mal gré à mon nouveau rythme de travail. Ce matin de mai 2005, la journée s'annonçait, comme d'habitude, belle et morne. Je pris mon service, avec deux collègues, à 4 h 30. Il était 8 h 30, nous faisions une courte pause croissants, lorsque la radio crépita :

— Rendez-vous rapidement avenue Aristide-Briand pour un individu blessé gravement à la tête qui s'est réfugié dans un bar.

À la voix de l'opérateur radio, nous savons que c'est une urgence.

Action !

Nous lâchons simultanément nos croissants et nous précipitons sur place. Le spectacle qui s'offre à nous est glaçant. Nous découvrons un homme, la vingtaine, le crâne ouvert. Le sang gicle de sa tête, ses vêtements en sont maculés. Le pauvre garçon est comme anesthésié, inconscient de la gravité de son état, paniqué pour son amie. Il nous indique que son agresseur est l'ex de sa petite copine.

— On dormait quand il est arrivé par surprise... Il m'a mis un coup de machette... J'ai réussi à fuir... Faut y aller, vite. Il va la tuer, il va la tuer !

L'homme, choqué, nous donne l'adresse de l'immeuble situé à proximité, puis il s'effondre. Les pompiers sont en route et un collègue reste près de lui pour les premiers soins.

Nous, on fonce.

Pas le temps de chercher un code, un gardien, un voisin. Je balance un coup de pied ajusté sur la porte qui s'ouvre à la volée. On pénètre dans le hall de l'immeuble, arme à la main. Au sol, des éclaboussures rougeâtres nous guident. Le silence est pesant. Plus nous avançons, plus les traînées sont larges. On devine la forme d'une main ensanglantée sur le mur blanc du rez-de-chaussée. Quant à la porte de gauche, elle est maculée de sang. D'un signe de tête, on se positionne sur les côtés, prêts à entrer. Dans l'intervalle, d'autres collègues nous ont rejoints. J'actionne la poignée, la porte s'entrouvre. Une odeur d'essence me replonge instantanément boulevard de la Chapelle. Les hurlements de terreur de mes camarades piégés en enfer explosent dans ma tête. Mon cœur s'emballe. Le danger est là. Je le sens, je le sais. Je referme la porte et fais signe à tous de reculer sur-le-champ. La seconde suivante, une explosion retentit et l'appartement s'embrase. Le mur porteur derrière lequel nous nous sommes repliés nous a protégés. Nous ressortons de l'immeuble, abasourdis, un peu groggy. Puis nous y retournons pour évacuer les habitants.

La voix d'un commissaire, arrivé devant l'immeuble peu après l'explosion, résonne dans ma tête au souvenir de cette intervention :

— Allez faire la circulation. Je ne veux voir personne de statique ici, c'est compris ?

Nous étions juste sortis pour une courte pause cigarette, reprendre notre souffle, récupérer du choc. J'ai écrasé mon mégot et me suis exécuté sans rien laisser paraître. Plus tard, je suis rentré à la maison exténué, assailli d'acouphènes persistants. J'ai perdu les aigus dans l'explosion. Depuis, les sons stridents me donnent la migraine et je supporte difficilement les repas trop bruyants où les conversations s'entremêlent. Parfois, je m'habitue, mais lorsque les sifflements deviennent trop forts, je dois m'isoler sous peine de devenir désagréable.

Je poursuivais mon chemin comme je le pouvais à police-secours et prenais mon mal en patience. Jusqu'à ce jour de décembre 2005 où vint le coup de fil tant espéré :

— Si tu es toujours partant pour aller à la Bac, tu commences lundi.

Ma fille venait de naître et je retournais à la Bac. Une éclaircie illusoire s'annonçait dans ma sinistre vie dijonnaise.

À la naissance de ma fille, je n'avais rien ressenti de particulier, absolument rien. Pas la moindre émotion forte, pas de joie intense. J'étais juste content. Ma fille allait bien, ma femme était en forme, et moi, j'étais père. Mission accomplie ! Mes émotions ne sortaient plus. Je m'enfonçais inexorablement.

Mais par chance, j'étais à nouveau à la Bac et j'allais renouer avec l'action.

Même s'il n'y eut, dans un premier temps, de place qu'en Bac jour, je retrouvais un peu de l'atmosphère d'avant. Nombre de mes nouveaux collègues venaient de la région parisienne ou lyonnaise et nous partagions la même motivation. Puis, très vite et à ma grande satisfaction, je retournai en Bac nuit. Hélas ! l'enthousiasme initial fut de courte durée. Les nuits dijonnaises étaient loin de valoir les nuits parisiennes. Les heures s'étiraient, interminables, épuisantes d'ennui, et je sentais régulièrement de fortes descentes. Ma déprime chronique, je la mettais sur le compte de la fatigue. Il est vrai qu'entretemps mon fils était né, et dormir la journée avec deux enfants en bas âge à la maison n'est pas simple. Je tenais l'explication.

Une nuit, en pleine patrouille, mon téléphone sonna. C'était ma mère :

— Christophe, ta grand-mère vient de mourir.

Je partis immédiatement retrouver mon grand-père à Metz. Il était l'ombre de lui-même. Alors, je lui proposai de venir vivre près de nous, à Dijon. Je pensais que cela l'aiderait dans son deuil. Il accepta. Mais je n'avais pas mesuré la force du lien qui unissait mes grands-parents depuis soixante ans. Sa santé se dégrada rapidement. Il fut hospitalisé, et le diagnostic tomba : cancer de la gorge.

Le jour de son transfert au CHU de Dijon, on m'appelle pour m'annoncer son décès. Je fonce à l'hôpital, fou de douleur. Alors que je pénètre dans le hall, un médecin me prend à part. Avec douceur, il m'explique qu'ils l'ont ranimé de justesse mais que les séquelles sont lourdes. Je reste à son chevet tard dans la nuit, la main posée sur son bras, comme pour me raccrocher à lui ou l'empêcher de disparaître. Le lendemain matin, à mon grand soulagement, je le trouve assis dans son lit. Il boit un potage et me regarde fixement. Ne pouvant plus parler, il écrit sur une petite ardoise d'école : « Apporte-moi des photos de mes petits-enfants, d'Isabelle, de ta mère, et de toi. » Le lendemain, j'accroche les photos au mur de sa chambre, juste en face de son lit. Il sourit, comme apaisé, et me remercie d'un long regard. Puis il écrit : « Mamie me manque, mais je suis bien, ici. » Je suis dévasté de chagrin en le quittant.

Il est mort le lendemain, entouré des photos de ceux qu'il aimait. C'était un 14 février, trois semaines jour pour jour après le décès de sa femme.

Quand tu as disparu, papi, j'ai perdu mon « re-père ». À la mort de papa, je n'avais pas pleuré. Ton décès fut un déchirement, le début de la route qui m'a mené jusqu'à ce chemin de terre, sous ce gros marronnier. Papi, j'espère que de là-haut tu comprends et que tu pardonneras mon geste. Si je fais ça, ce n'est pas par envie de mourir, c'est pour cesser d'avoir mal.

Je fis mon deuil assez rapidement, trop vite, même. Tout allait bien, j'étais un bon policier, j'étais bien noté par mes chefs, je pensais être un bon père, un bon mari. Nous possédions une jolie maison dans la campagne dijonnaise, mes rares week-ends étaient jalonnés de repas avec nos amis et la famille, de sorties à vélo, à la patinoire ou au trampoline avec les enfants. J'étais en vitesse de croisière dans un ciel que je me forçais à voir sans nuages.

Pourtant, quelques mois après la mort de mon grand-père, je me réveille en sueur. Mon cœur cogne dans mes tempes, ma tête tourne, ça siffle dans mes oreilles. Ça ne va clairement pas, sans que je comprenne pourquoi. Je veux m'asseoir et suis pris d'un vertige. Des sanglots venus de loin, de très loin, me submergent. Me ressaisir, me lever, allumer une cigarette, me calmer ; tout va bien. Mais non, ça ne va pas ! Un flic, ça ne pleure pas, bon sang ! Un flic, ça se maîtrise, ça reste dans le contrôle. Mais non, je n'y arrive plus. Impossible de lutter. Je pleure comme je n'ai jamais pleuré. Je hoquète, je vomis mes larmes, je crie de douleur. Mais je n'ai mal nulle part ! Quand on est flic, la souffrance de l'âme, ça n'existe pas.

Réveillée par mes pleurs, ma femme m'observe, le regard chargé d'un mélange d'inquiétude et d'incompréhension.

— Qu'est-ce qui se passe, mon chéri ? Qu'est-ce que tu as ?

Elle me parle avec douceur, ses bras m'entourent, me serrent.

— Je ne sais pas, je ne sais pas.

— Dis-moi, je t'en prie.

Elle prend mon visage entre ses mains.

— Parle-moi, mon amour, dis-moi ce qui ne va pas.

Elle est démunie. Et moi, je ne peux que répéter, entre deux hoquets, que je n'en sais rien. Cela dure un long moment. Puis je m'apaise et promets de voir un médecin dès le lendemain.

— Vous faites une dépression, monsieur Girard.
Son diagnostic est sans appel.
— Une dépression ? Mais non ! Pourquoi ?
— Je ne sais pas. Tout va bien avec votre femme ?
— Oui.
— Surmenage, stress au travail ?
— Non, docteur, mon métier me passionne.
— Le décès de votre grand-père, alors ?
— Je ne crois pas, c'était il y a bientôt six mois.
— En tout cas, vous ne pouvez pas rester comme ça.
— Qu'est-ce que je peux faire pour m'en sortir ?

À mon grand désarroi, le médecin n'a aucune solution à m'apporter.

— Nous allons faire un check-up complet. Montez sur la balance pour commencer.

Je prends le chiffre en pleine tête : soixante-sept. Je ne pèse plus que soixante-sept kilos, pour un mètre quatre-vingts. J'ai perdu vingt kilos. Je dois réagir.

— Je vous prescris des somnifères. Et, si vous êtes d'accord, je vous donne les coordonnées d'un psychiatre.

La semaine suivante, je pousse la porte de son cabinet. Je suis dubitatif. Comme si parler pouvait me guérir ! À peine me suis-je assis que l'homme, un type d'une soixantaine d'années au regard perçant, m'interroge.

— Qu'est-ce qui vous amène ?
— Mon médecin. Il dit que je fais une dépression.
— Et vous, vous en pensez quoi ?
— Je ne sais pas. Je sais juste que je ne comprends pas pourquoi j'ai craqué en pleine nuit, sans raison précise, alors que tout va bien dans ma vie.

J'étais flic, et pourtant le psychiatre s'acharna au fil de nos séances à explorer mon passé familial, jamais mon métier. Chaque fois que j'abordais l'aspect professionnel, il cherchait un problème relationnel possible avec mes collègues, un conflit au sein du service. Mais il n'y en avait pas.

Je le voyais régulièrement et dans le plus grand secret. Je craignais qu'on m'enlève mon arme. Si je devais quitter la Bac, ma vie perdrait son sens.

Le psychiatre me prescrivit des antidépresseurs. C'est là que l'idée d'en finir commença à me traverser régulièrement l'esprit. Je me disais que mourir m'apporterait la paix. Ça arrangerait tout et tout le monde. Puis les visages de ma femme et de mes enfants s'imposaient et je me ressaisissais. Non, il devait bien y avoir une autre solution.

C'était en 2010. Depuis, j'ai lutté, mais je n'ai plus la force de me battre seul avec mes démons. Je n'ai trouvé ni solution, ni répit. Ou plutôt, si : la solution, je la serre dans ma main droite. Et elle sera efficace, expéditive, définitive.

En séance avec le psychiatre, je cherchais tous azimuts les causes de mon mal-être, de mes mouvements d'humeur, de mon absence d'envie. Finalement, nous en vînmes à la conclusion que mon état d'épuisement général était dû au travail de nuit et aux enfants en bas âge. Jamais l'idée que je puisse faire un métier difficile, vivre des épisodes traumatiques et des moments perturbants, ne fut envisagée comme cause possible de mon état dépressif.

Retourner en Bac jour réglerait donc le problème. De fait, au début, j'allais un peu mieux, je dormais davantage et je repris quelques kilos.

Pour éviter les antidépresseurs, je me mis au sport. Course à pied et musculation. Tranquillement au début, puis j'augmentai le rythme. Plus je me défoulais dans le sport, mieux j'allais. La machine était repartie à fond. Les cinq années suivantes, je donnerais admirablement le change.

Je pris part à quelques belles affaires, notamment une qui nous demanda de déployer toutes les qualités d'un bon flic : professionnalisme, sang-froid, patience et ténacité.

Nous sommes le dimanche 7 novembre 2010, très exactement. Le portable de la Bac sonne en fin d'après-midi. Au bout du fil, un gendarme de Châteauroux. Il nous explique être à la recherche d'un individu qui aurait braqué un stand de tir... à la pelleteuse. Il ajoute pister ce type à travers la France depuis plusieurs jours en suivant ses méfaits. Son complice vient d'être arrêté au domicile de ses parents, non loin de Dijon.

— Quand on l'a interpellé, ce dingue tirait au fusil à pompe dans le plafond de sa chambre. Il pensait viser un hélicoptère de gendarmes, précise-t-il pour nous donner une idée de l'état d'esprit et de la dangerosité de ces hommes. On a repéré un véhicule volé devant le domicile dijonnais d'une de ses copines, poursuit-il. J'y suis avec mon collègue, mais on a besoin d'assistance.

Nous les rejoignons sans tarder et, après une longue et discrète surveillance, nous décidons de lever le camp. Alors que nous passons une dernière fois devant le domicile de la copine, une voiture arrive sur notre droite. Nous nous arrêtons pour céder la priorité. C'est elle ! C'est lui ! Nous sommes à bord d'un véhicule banalisé et il ne nous repère pas.

Action !

On se place derrière la voiture et on mène la filature en attendant le moment opportun ; en général dans la circulation, au feu rouge. L'essentiel est qu'il n'y ait pas d'échappatoire. Alors, on attend. On annonce notre progression à la radio. À chaque rond-point, l'homme en fait deux fois le tour pour s'assurer qu'il n'est pas suivi. On ralentit et ça passe. La filoche continue. Le temps est interminable. Mes deux collègues n'attendent qu'une chose : que je leur donne le top interpellation. Je suis chauffeur, c'est à moi que revient la décision. À quelques encablures de la sortie de Dijon, nous arrivons à un stop. Trois voitures nous précèdent. Notre chance est là. Mes collègues sont prêts. La tension est palpable. Les voitures au stop sont immobiles. Il s'arrête à son tour. Je le colle pour éviter une fuite arrière. Maintenant ! Mes collègues bondissent de la voiture arme au poing et le braquent. Mais comme par magie, les trois voitures repartent simultanément. Le type les double et s'enfuit. Mes collègues remontent à bord et la chasse s'engage. Quand l'individu prend une rue à forte circulation à contre-sens, puis carrément la rocade, le périphérique de Dijon, nous le lâchons la mort dans l'âme. Trop dangereux pour les autres usagers.

Nous n'abandonnons pas l'affaire pour autant. Nous avons tous les renseignements sur l'homme qui nous a échappé. Après des heures passées à éplucher nos fichiers, nous trouvons une adresse possible. Il est encore dans le coin, c'est certain. On le sent. On met une surveillance sur ce domicile. Et on attend. Un, deux jours et, le troisième jour, notre type apparaît, toujours au volant de la même voiture volée. Il vient rendre visite et repart rapidement. On se remet à le filer ; de loin, cette fois. On veut le loger. À un grand rond-point, après un énième tour de sécurité, il disparaît. Il faut dire qu'il est tard et nous sommes presque seuls sur la route. Mais c'est plus prudent. L'étau se resserre. On appelle les gendarmes de Châteauroux. Ils n'y croyaient plus et se préparaient à rentrer. Changement de programme ! Nous montons un gros dispositif pour lequel ils demandent du renfort.

Le samedi 13 décembre, en fin de matinée, nos équipes se rencontrent. Le renfort demandé est arrivé : deux gendarmes et une voiture. Nous, nous sommes deux voitures de trois. Nous décidons de nous poster partout où nous l'avons vu et là où nous l'avons perdu la veille, puis d'attendre. Nous partons, chacun à sa place. Je prends le volant. Pas le temps de nous mettre en position, la voiture est déjà repérée par le deuxième véhicule de la Bac. Nous attaquons une filature tournante à quatre voitures. L'objectif est simple : le suivre jusqu'à le loger. Si une opportunité d'interpellation certaine se présente, nous entrerons en action. La filoche s'engage vers 13 h 30 et nous rendons compte au fur et à mesure de son avancée à notre hiérarchie. Notre concentration est extrême, personne ne plaisante par radio, ni ne raconte d'anecdote comme c'est souvent le cas. L'homme est dangereux, armé et il a déjà fait feu. Prudence et patience sont de mise.

En début de soirée, il nous balade dans le plus grand centre commercial de Dijon. Les gens font leurs courses de Noël, les rues sont illuminées de guirlandes. Des pères Noël déambulent sur les trottoirs. C'est incroyable. Si nous nous faisons démasquer, ça pourrait finir en carnage. Nous ne le lâchons pas, nous tenons bon. Nous arrivons soudain dans un bouchon :

— À toutes les voitures : rapprochez-vous, nous sommes derrière, dans quelques mètres, il aura un terre-plein à gauche et un fossé à droite, des voitures arrêtées devant lui, et nous derrière.

On se prépare. Le top interpellation, c'est dans trente secondes.

Alors se produit l'improbable. Deux motards de la police, aux véhicules sérigraphiés, remontent la rue dans notre direction, ralentissent et se stationnent de l'autre côté de la rue, à hauteur de la voiture volée :

— À tous les véhicules, on annule, on annule !

La filature reprend. Parfois, le suspect s'arrête, descend, se promène. On fait pareil. Il marche les mains enfoncées dans les poches de son sweat-shirt. Est-il armé ? On ne prend aucun risque. Ni pour lui, ni pour les passants, ni pour nous. On attend.

Vers 19 heures, il entre dans le parking d'un hôtel. Un passage à la réception nous confirme qu'il y loge. Nous récupérons le numéro de sa chambre et profitons de l'occasion pour coller un traceur GPS sous sa voiture.

Vu la dangerosité du type, nous demandons l'intervention d'un groupe spécialisé pour l'interpeller dans sa chambre. Nous n'avons ni l'entraînement, ni le matériel. Quelques minutes plus tard, la réponse tombe : ce n'est pas au GIPN[1] d'intervenir, c'est l'affaire des gendarmes. Ces derniers demandent alors l'appui du GIGN[2]. Refusé.

— Vous êtes en zone police avec des policiers.

Personne ne veut payer pour cette intervention ! Pire, on nous demande de la faire nous-mêmes.

Les avis sont partagés. *Go* ou *no go* ? Nous mettons la décision au vote. Les partisans du *go* suggèrent de récupérer auprès de la direction de l'hôtel une carte d'accès à la chambre, puis d'entrer en toute discrétion pendant son sommeil.

---

1. GIPN : Groupe d'intervention de la police nationale. Le GIPN est devenu le Raid après la création de la FIPN (Force d'intervention de la police nationale) et à la suite de l'harmonisation des moyens et méthodes d'intervention.
2. GIGN : Groupe d'intervention de la gendarmerie nationale.

— On n'est pas des débutants, et puis on pourra se protéger derrière nos boucliers balistiques, propose un partisan du *go*.

— Justement, c'est parce qu'on n'est pas des débutants, et qu'on a fait des milliers d'interpellations, qu'on sait que ça peut partir en vrille n'importe quand. Et on sait qu'il est armé et a déjà fait feu, rétorque un partisan du *no go*.

Je prends alors conseil auprès de Clément, mon ancien colocataire de Paris – avec qui j'ai vécu l'intervention du square Léon – et qui a rejoint le GIPN de Lyon. Son avis est catégorique : *no go*. Nous avons certes un bouclier balistique dans le coffre, mais aucun de nous n'a appris à s'en servir.

— Ton type est visiblement un dingue. Et le bouclier balistique, ça ne suffit pas de se planquer derrière, c'est compliqué et technique. Laisse tomber, Tof, conclut-il.

Le *no go* l'emporte. C'est reparti pour une nuit de surveillance, car les 21 heures fatidiques sont passées. Les gendarmes mettent la nuit à profit pour renégocier auprès de leur hiérarchie l'intervention du GIGN. Cette fois avec succès.

Nous leur préparons le « champ opératoire » : les chambres de part et d'autre et les trois en face de celle du type armé sont libérées et investies par des collègues, et le réceptionniste nous duplique la carte magnétique de sa porte.

À 6 heures du matin, le GIGN pénètre dans la chambre. L'homme les attend, un pistolet dans chaque main. Sans hésiter, il fait feu. Les gendarmes avancent, protégés par leurs boucliers, et parviennent à l'interpeller sans dommage.

Nous avons eu raison de refuser d'intervenir. Il faut savoir connaître ses limites et, là, nous avions atteint les nôtres. Plus tard, nous apprendrons que, lorsqu'il marchait dans la rue, l'homme tenait effectivement, dissimulé dans la poche ventrale de son sweat, un pistolet automatique dans chaque main.

Nous avions sacrément bien bossé. Nous étions contents de nous, même si seuls les gendarmes sont venus nous féliciter. Pas grave, ça faisait bien longtemps que nous n'attendions plus de félicitations de la hiérarchie. Le job était fait et, au passage, j'avais fait le plein d'adrénaline.

Là encore, l'inévitable « descente » me happa les jours suivants. Alors, j'augmentai encore davantage ma dose de sport pour pallier la chute de mes taux d'hormones. Je courais douze kilomètres tous les deux jours, dans une concentration extrême pour ne pas cogiter, chrono en main pour connaître ma vitesse : dix kilomètres en cinquante minutes. J'étais focalisé sur mon score et sur l'ajustement de mes pulsations cardiaques. Objectif : maintenir une vitesse maximum le plus longtemps possible. Plus je courais, plus l'idée de rejoindre le GIPN s'installait. Vu mon désir d'action et mon besoin frénétique de sport, pourquoi pas ? Je n'avais que trente-cinq ans, après tout. Il n'était pas trop tard.

En attendant, la vie continuait. Je repassai, temporairement, dans l'équipe de Bac nuit après avoir compris que le travail de jour me privait encore davantage de ma précieuse adrénaline.

Un soir, alors que nous étions en planque dans une cité sensible où de nombreux véhicules avaient brûlé les dernières nuits, je vis un type dissimuler un scooter dans le local à poubelles d'un immeuble. Il ne semblait pas serein et regarda dans toutes les directions avant de quitter les lieux. Ma curiosité naturelle me poussa à me faufiler jusque dans le local. J'y trouvai le scooter dont je relevai les numéros d'identification.

De retour au commissariat, je contrôlai ces numéros dans le fichier des véhicules volés. Rien à signaler, le scooter n'était pas référencé comme tel.

Le lendemain soir, les collègues de la Bac jour rentrèrent juste au moment où nous arrivions pour notre service. Comme il est d'usage à la relève, ils nous briefèrent sur les événements de la journée.

— Quoi de spécial, comme faits marquants ?

— Il y a eu un vol à main armée dans un supermarché sous la menace d'une arme de poing. Le type est reparti à scooter.

— Il était comment, ce scooter ?

— Un Piaggio noir avec un *top case* gris.

Bingo ! Le scooter correspondait en tout point à celui dont j'avais relevé les numéros la nuit précédente. Je les repassai dans le fichier, et là, surprise, le véhicule était déclaré volé. Les collègues nous fournirent une description très précise de l'auteur : la trentaine, crâne rasé, vêtu d'un jean et d'un blouson en cuir bleu à franges. C'était le type que j'avais vu la veille pousser le scooter !

Action !

Nous partons rapidement. Pourvu que le scooter soit encore là. S'il l'est, je mettrai en place une surveillance. Nous approchons, comme la veille, avec discrétion. Il n'est pas 22 heures et nos « clients » sont encore dehors. Quand nous arrivons face à la porte du local à poubelles, celle-ci s'ouvre sur un homme chauve avec un blouson bleu à franges. Nous l'interpellons en douceur et retrouvons le revolver sous la selle du scooter.

Je songe avec un brin de nostalgie à la joie éprouvée ce jour-là. L'affaire était certes mineure, mais je l'avais élucidée en quelques heures. Avec le recul, tout cela était si dérisoire, si négligeable.

Tant d'engagement, tant d'années à protéger les citoyens, mes collègues, moi-même, pour me retrouver là, un flingue dans la main.

9

Malgré tout, je sentais que ça n'allait pas. Il me manquait quelque chose d'indéfinissable. Je n'étais ni heureux, ni épanoui. Je subissais une vie que j'avais choisie.

Dans cette période de grand doute, pour trouver la force de me lever, j'intensifiais mon entraînement dans un but bien précis cette fois : tenter le concours d'entrée au GIPN. Je voulais rejoindre cette unité d'élite. Ma place était là-bas.

Je me renseignai sur ces fameux tests, les plus durs de la police nationale. Concernant les prérequis physiques, avec de l'entraînement et de la volonté, je pensais pouvoir atteindre leur haut niveau d'exigence.

Parmi les évaluations sportives au programme de la semaine de sélection, l'épreuve aquatique retint mon attention. Elle comptait des tests d'apnée, de résistance au stress et de mise en difficulté sous l'eau.

L'exercice est le suivant : les yeux bandés, il s'agit de suivre un fil qui court au fond du bassin et de traverser une cage dont il faut trouver la sortie à tâtons en prenant appui sur divers éléments qui cèdent.

Je ne m'étais jamais senti à l'aise dans l'eau. Je m'y déplaçais davantage que je ne nageais. Quant à l'apnée, mon expérience se limitait à des tentatives de quelques dizaines de secondes dans ma baignoire.

J'avais tout à apprendre. Par chance, François, un coéquipier et ami, tout aussi déterminé que moi à quitter la Bac, se préparait aux mêmes tests et nous nous motivions l'un l'autre. Nous avons démarché ensemble le maître-nageur de la fosse de plongée de la piscine olympique de Dijon pour prendre des cours d'apnée. Nous sommes tombés sur un type génial, qui nous donna de son temps sans compter. Ce passionné du milieu aquatique était fasciné par notre milieu policier. Durant les heures d'entraînement, je sortais de ma zone de confort. Je débranchais mon cerveau et j'exécutais ce qu'il demandait. Je me rendis compte que je pouvais faire bien plus que ce que j'avais imaginé. Peu à peu, j'apprivoisais cet environnement jusqu'alors hostile et je parvenais à parcourir cinquante mètres en apnée. Mes progrès en natation étaient tout aussi époustouflants. Désormais, je savais vraiment nager.

Nous avons également eu la chance de rencontrer un professeur de boxe de grand talent. Il nous apprit à combattre, à nous protéger, à recevoir les coups, à les accepter, à les encaisser et à les rendre. Son approche allait même bien au-delà. Il nous entraînait à développer une force mentale nouvelle.

— À la semaine de sélection, vous devrez mettre en œuvre la même combativité que sur le ring. Un combat de boxe, c'est comme dans la vie, les gars ! Tu lâches rien, jamais ! Tu tombes, tu te relèves. Tu prends un coup, tu encaisses et tu continues d'avancer.

Durant cette préparation, je m'explorais intérieurement. Je dépassais les limites de ma zone de confort afin de progresser. Je m'investissais à 100 %, au point d'en délaisser encore davantage les miens, sans le vouloir, sans en prendre conscience. J'écourtais les repas de famille, je n'aidais plus guère Isabelle à prendre soin des enfants. Elle prenait sur elle, se débrouillait, et moi, je ne pensais qu'à courir pour fuir... Un fossé se creusait, toujours plus profond. J'étais aveugle et sourd. Mes journées, je les vivais en autarcie, alternant sport et boulot. Mes horaires dépendaient des séances d'exercices au programme de ma journée ; une session de deux heures avant le départ au boulot et une le soir, vers 22 heures. La charge de travail était si intense que je ne me souciais plus du reste.

Le jour des prétests physiques arrive et je pars pour Strasbourg, gonflé d'une énergie farouche. En compagnie d'une vingtaine d'autres candidats, je suis amené au stade militaire où se déroulent les épreuves de force et d'endurance. Il y a des minima requis, mais c'est un concours où seuls les meilleurs seront retenus ; et je dois en être. Les épreuves par le poids du corps (pompes, tractions, grimper de corde) se passent bien. Nous enchaînons avec un test de Cooper. Ce test de terrain permet d'estimer le VO_2 (volume maximal d'oxygène) d'une personne. L'épreuve est simple et consiste à courir douze minutes, durant lesquelles il faut parcourir la plus grande distance possible.

Un coup de sifflet et c'est parti. À la fin des premiers 400 mètres, je ressens une vive douleur au niveau de la cuisse. Mon mental prend le relais ; je me persuade que ce n'est rien de grave. Je continue de courir. La douleur s'accentue, m'obligeant à ralentir. Mais je suis focalisé sur la barre des deux mille huit cents mètres. Si je ne cours pas cette distance en douze minutes, c'est l'élimination assurée. Je serre les dents, je m'accroche – « Tu lâches rien ! Jamais ! » – et je tiens bon. Il reste soixante-dix mètres à parcourir. Pas question d'abandonner à quelques foulées de la victoire. Je m'élance et, sur la ligne d'arrivée, la douleur me terrasse. J'achève la course à cloche-pied. Je souffre le martyre. Incapable de poser le pied à terre. On doit me soutenir pour regagner le vestiaire et, comme je ne peux plus appuyer sur la pédale d'accélérateur, mon collègue conduira ma voiture pour rentrer.

Le verdict du médecin fut sans appel : fracture du fémur. Une fracture de fatigue, dans le sens longitudinal sur vingt centimètres à partir du col. Mais le plus grave n'était pas là. Il était impossible d'opérer et je ne devais plus courir pendant une période indéterminée. Ce même jour, je reçus le courrier m'informant que j'étais sélectionné pour la semaine de tests. Ce fut un moment très rude. Dur à accepter, dur à avaler. Mais je devais me résoudre à patienter. Je ne pouvais même plus jouer au loup avec mes enfants, alors âgés de cinq et sept ans, ni traverser une rue en courant. J'étais en colère, résigné, impuissant.

Et, bien sûr, pas de course à pied, c'est-à-dire pas de travail. Je profitai de cette pause obligatoire pour demander, le temps de ma convalescence, un travail d'enquêteur aux Stups plutôt que de rester chez moi. Ma demande fut acceptée.

Aux Stups, je découvris une facette de mon métier dont je ne savais quasi rien. Même si mon expérience de flic me servait sur bien des points, j'avais énormément de choses à apprendre. Peu après mon arrivée, les Stups ouvrirent un dossier qui nous occuperait de longs mois et déboucherait sur un beau trafic d'importation de stupéfiants : près de vingt kilos d'héroïne, en provenance directe des Pays-Bas. J'ignorais tout de ce métier d'enquêteur. J'avais toujours mal à ma jambe, mais je me sentais de mieux en mieux. Tous les deux mois, j'allais voir le chirurgien. Il me faisait passer des tests. Comme la douleur était toujours là, il prolongeait mon attestation d'inaptitude à la course. Je ne suis pas homme à me plaindre, j'étais de bonne humeur et je positivais la situation. Je prenais mon mal en patience et je me plaisais aux Stups. Ce qui ne semblait pas être du goût du major de la Bac. Il tiquait à chaque prolongation. Je n'avais pas pris la mesure de son mécontentement et, surtout, de son pouvoir de nuisance. En août, alors que j'étais aux Stups depuis plus de six mois et que je lui apportais ma troisième prolongation, il me l'arracha des mains en hurlant :

— Maintenant, ça suffit !

Puis il tourna les talons.

La semaine suivante, le capitaine, qui m'avait donné son accord oral pour mon détachement à la brigade des Stups, changea de poste. Dans la foulée, le chef du service de voie publique me convoqua pour m'annoncer mon affectation au quart-judiciaire[1]. J'étais anéanti. Le quart, c'est la police-secours du judiciaire. Elle traite l'ensemble des affaires trouvées sur la voie publique. Mon rôle était de renvoyer les délits les plus graves au département pour procéder à des investigations supplémentaires, et de traiter les délits non aggravés. Assis derrière mon bureau, face à mon ordinateur, j'enchaînais la rédaction de procès-verbaux de dizaines de délits, ce qui ne présente pas le moindre intérêt pour un flic de terrain : vols à l'étalage, insultes à agent, problèmes de voisinage, violences légères, conduites en état d'ivresse, etc. J'aurais pu rester chez moi, mais je préférais bosser plutôt que de ruminer mon mal-être entre quatre murs.

1. Le quart-judiciaire a deux fonctions principales : traiter les enquêtes de flagrance concernant le « petit » judiciaire, c'est-à-dire traiter judiciairement en temps réel la petite délinquance, et prendre en charge les enquêtes-décès.

J'étais puni sans raison, et en bon petit soldat, je continuais à faire le job dans ma nouvelle affectation. Deux mois plus tard, j'étais de nouveau apte à la course. Je serais resté un an sans pouvoir courir.

Lorsque je retournai à la Bac, les choses avaient changé. Ou était-ce moi ? L'atmosphère n'était plus au beau fixe. Il me fallut du temps pour comprendre pourquoi. En fait, la politique de résultats que nous imposait le chef nous divisa et créa deux camps : ceux qui acceptaient et faisaient de l'alimentaire, et ceux qui n'acceptaient pas et résistaient en faisant leur métier normalement. Et j'en étais. Pour être clair : si on trouvait une affaire, on la traitait ; et si on ne trouvait rien, on ne rapportait pas une boulette de shit pour autant !

Faire de l'alimentaire, c'est en substance se positionner près d'un point de deal et attendre le premier consommateur venu pour l'interpeller. Il aura une barrette de cannabis ou un gramme d'héroïne sur lui, ce qui constitue un délit. Ça fait une interpellation à ajouter aux statistiques et, à la fin du mois, celle-ci comptera autant que celle d'un type au volant d'une voiture volée avec un kilo de cannabis dans le coffre. Il est bien sûr plus simple d'interpeller quelqu'un qui vient d'acheter une barrette de cannabis plutôt qu'un trafiquant de drogue ou un revendeur de véhicules illicites. Bien plus facile, mais tellement moins gratifiant. Si, comme nombre de mes collègues, j'ai choisi d'entrer dans la police, c'est pour me sentir utile et donner un sens à ma vie. Notre priorité est là, et non dans le nombre d'interpellations et d'amendes comptabilisées en un temps record…

Un jour, à la suite d'une surveillance, nous avons intercepté en flagrant délit un kilo de résine de cannabis.

Pour une affaire de Bac, c'était déjà une belle prise, surtout à l'époque. Notre lieutenant a surgi dans le bureau et, à la vue du kilo de résine, nous a morigénés :

— Pourquoi vous avez fait ça, les gars ?

— Pourquoi on a fait quoi ?

— Eh ben, un kilo. Vous auriez pu attraper mille mecs avec un gramme. Ç'aurait été énorme !

— Dégage !

Le mot a jailli de nos bouches à l'unisson. Nous étions sidérés.

Et ce climat délétère ne ferait qu'empirer, jusqu'à ce que le chef de la Bac, inconscient de ce qui se tramait, prenne ouvertement parti pour le camp des chiffres à tout prix. L'atmosphère tournait à l'aigre. Ses résultats en qualité de major étaient en jeu et nous étions des pions indociles. À l'époque, nous ne prenions pas la mesure de ces questions de pouvoir. Avec Sarkozy, la France était passée d'une police d'ordre public à une police d'interpellation, qualifiée assez justement de « police d'efficacité médiatique ». Pour preuve, les interpellations progressaient en moyenne de quarante mille par an.

Dès que je pus de nouveau courir, je repris l'entraînement. Je comptais bien retourner aux sélections du GIPN, même si, cette fois, ce n'était pas forcément pour de bonnes raisons. C'était plutôt une échappatoire qu'une envie véritable. Je m'investissais toujours plus, creusant le gouffre entre ma famille et moi. J'étais si préoccupé par ma préparation physique et par mes soucis à la Bac que je ne voyais rien. J'allais perdre ma femme et je ne le savais pas. Sans compter qu'à ce stade pratiquer du sport à outrance était devenu un besoin, plus qu'une source de bien-être. Le sport canalisait ma violence ;

sinon j'aurais explosé. La colère sourde qui m'habitait me faisait peur. Alors, je m'en servais, la transformais en énergie. Chaque semaine, je courais une trentaine de kilomètres, nageais deux heures, pédalais trois heures, pratiquais encore trois heures de musculation et boxais quatre heures. Tout mon temps libre y passait.

Les prétests arrivèrent enfin. Retour à Strasbourg. Je réussis les épreuves et fus convoqué à la semaine décisive de sélection. Elle se déroulait à Rouen, à l'École nationale de police d'Oissel. Nous étions trois cents, réunis dans un vaste amphithéâtre, venus de la France entière, tous les corps de police confondus.

La semaine démarra sur les chapeaux de roue. Je réussis certains ateliers, d'autres me laissèrent en échec. Mais rien n'était joué. La marche de nuit arriva : une épreuve cruciale où il faut parcourir trente-cinq kilomètres dans la nuit en tenue, rangers, et lesté d'un sac à dos de dix kilos, en alternant marche rapide et course à pied. Le tout ponctué de différents exercices, dont la traversée par les airs d'une mare à l'aide d'un câble tendu entre deux arbres.

L'aube est sur le point de percer, annonçant le dernier passage sur cet atelier. Nous sommes dans l'obscurité, éclairés seulement par nos lampes frontales. C'est mon tour ; j'attrape le câble pour traverser. Je m'arrête, cherchant à m'orienter, à situer ma position.

— C'est bon, t'es plus qu'à deux mètres, m'encourage un collègue.

Je repars, et il suffit d'une seconde d'inattention. Je tombe à plat, sur le dos, d'une hauteur de deux mètres. J'étais presque arrivé et il n'y a plus assez d'eau pour amortir la chute. Sous la surface se cache une souche d'arbre sur laquelle je m'écrase. Le choc est brutal. Je reste immobile, me testant pour savoir comment je vais. Je crois être en mesure de me faire un rapide diagnostic.

— Ça va ? crie le même collègue.

Je le rassure :

— Oui, oui.

La voix de mon prof de boxe, résonne dans ma tête, me pousse en avant :

— Tu lâches rien ! Tu tombes, tu te relèves !

Je me redresse à la hâte, retiens un cri, ramasse mon sac à dos et sors de l'eau. Je repars en petites foulées. Mais la douleur s'intensifie au fil des minutes. Je ne saurais dire combien de temps je cours encore, ni quelle distance, mais cela me semble interminable. Je suis au supplice, le regard accroché au dos du collègue devant moi. Transi de froid, trempé de la tête aux pieds, je souffle bruyamment. Je n'ai qu'une obsession : tenir. Je m'accroche. Hors de question de renoncer. Chaque pas est une torture, chaque mètre parcouru une victoire.

J'atteins le bâtiment, où nous logeons par chambres de six, dans un semi-brouillard, anesthésié par la douleur. Nous sommes couverts de boue. J'ai deux heures pour me doucher, faire ma lessive, mon ménage, manger et dormir. Je m'écroule sur mon lit sans trouver le sommeil. J'ai mal et je songe avec angoisse à l'atelier de combat qui nous attend le lendemain matin. Je ne sais quelle position adopter pour soulager mon dos. J'ai chuté sur la colonne vertébrale, ma douleur n'est pas musculaire. Risquerais-je de m'abîmer gravement pendant les combats ? Totalement perdu, dès le lever, j'en parle à l'officier référent.

— Va là-bas, c'est lui qui va décider.

Il m'indique un cabanon situé à quelques mètres.

J'y entre, m'attendant à rencontrer un médecin qui m'auscultera et me rassurera. Face à moi, une secrétaire et l'instructeur de l'un des ateliers que nous avons passés. L'homme, un colosse de deux mètres pour cent vingt kilos de muscles, est une force de la nature, une légende du Raid, une personne au sang-froid et au courage hors norme. Rafalé par Mohammed Merah, blessé à la jambe, il a assuré avec ses confrères, dès le surlendemain, à 7 heures du matin, l'assaut qui a permis la neutralisation du terroriste islamiste en mars 2012.

Sans attendre d'explication de ma part, la secrétaire me dit, de but en blanc :

— Voilà, il faut qu'on remplisse ces papiers pour boucler la fin des tests.

C'est foutu, j'ai raté pour la deuxième fois le concours. Mes yeux rougissent. Le colosse s'approche de moi, bienveillant :

— Tu sais, c'est important, cette semaine de tests, bien sûr. Mais c'est pas grave, c'est pas toute la vie. Tu pourras revenir ou faire autre chose.

Il prend le temps de s'asseoir un moment et nous échangeons quelques mots. J'ai honte, la gorge nouée ; je ne veux pas montrer mon désespoir à cet homme à qui je voue tant de respect et d'admiration.

Avant de rentrer, je vais rapidement saluer François, mon compagnon d'entraînement du concours précédent. Sélectionné, il est désormais du côté des encadrants. Je ne veux pas qu'il voie mes larmes. Un flic, ça ne pleure pas.

Le voyage du retour est long, très long. Chaque bosse, chaque virage est une torture.

À Dijon, les résultats des examens médicaux achèvent d'anéantir mes espoirs : fracture de la quatrième vertèbre dorsale. Le sort s'acharne sur moi.

Les trois mois suivants furent compliqués. Ni sport, ni travail, je croupissais toute la journée à la maison. Inactif, je développais un sentiment de culpabilité vis-à-vis de ma femme. Je m'attelais à faire le ménage, à préparer les repas, et je tentais de profiter des enfants. Mais j'étais malheureux, ce n'était ni mon rythme, ni mon choix. Et impossible de courir ou de boxer pour me permettre de digérer ce nouvel échec. Ma femme ne prenait pas la mesure de mon calvaire.

Dans un premier temps, du fond de mon canapé, je décidai de renoncer à quitter la Bac. J'essayais de positiver, de me convaincre que renouer avec l'action me donnerait un coup de fouet salvateur. Mais, lorsque je réintégrai mes fonctions, l'air était devenu irrespirable et cette reprise avait des parfums de retour à la case prison. Au sein des équipes, la pression était constante. Nous étions une quinzaine à la Bac de Dijon, et cette tension entre collègues était le fait de quatre personnes, trois policiers soutenus par notre chef. Ils imposaient leur loi. À bout, je décidai d'expliquer la situation à un délégué syndical.

— Un équipage n'agit pas comme il le devrait… Sur la voie publique, ils sont à la limite de la déontologie, et vis-à-vis de tous les autres collègues, ils ont un comportement inadapté. Ils sont méprisants, ne prennent pas en compte nos besoins, nos temps de pause… Si on ne fait rien, ça va dégénérer.

— Oui, je sais. Tu as bien fait de venir m'en parler, me répondit le délégué syndical.

Puis il repartit tout sourire, sans proposer de nous venir en aide.

Si on plonge des grenouilles dans une casserole d'eau très chaude, elles vont immédiatement sauter pour en sortir. Mais déposées dans une eau froide que l'on chauffe progressivement, elles vont s'habituer à la température, rester et mourir brûlées vives. Nous, les flics, nous sommes comme les grenouilles. Plongés dans un monde où la pression monte sans que nous nous en rendions compte… jusqu'à ce que ça explose. Un sentiment désagréable me taraudait ; je devais partir de là… mais où aller ?

Je voulais quitter la Bac, mais seule la brigade des Stups m'intéressait. Des années que je demandais à la rejoindre, sans succès, au motif qu'il fallait être OPJ (officier de police judiciaire). Et impossible de suivre la formation pour le devenir, puisque j'étais à la Bac… Quant à intégrer le Raid, j'avais échoué aux tests. Je ne voyais pas d'issue.

Mon mal-être rampant, je le rapportais à la maison, malgré moi. Mais comment me détendre d'un coup au prétexte que j'étais chez moi ? Le sport me permettait d'évacuer la tension, mais pas suffisamment. Les insomnies revenaient, ma fatigue était devenue chronique. J'explosais pour un rien. Mes colères étaient démesurées par rapport à leur objet. Un jour, mon fils a arrosé le chien avec son pistolet à eau. Excédé, je lui ai arraché le jouet des mains et l'ai cassé en deux. Si, au retour d'un jogging, la bouteille d'eau dans le frigo était quasi vide, j'explosais de colère. Isabelle avait beau me le dire, je n'en prenais pas la mesure. Et par-dessus tout, lorsque la rage montait, je ne contrôlais plus rien.

Le 22 février 2013, j'étais sur le point de partir travailler quand j'appris un nouveau drame. Deux collègues de la Bac N, Cyril et Boris, âgés de quarante et trente-deux ans, étaient morts et leur collègue grièvement blessé. Leur véhicule avait été percuté de plein fouet et à grande vitesse par un puissant 4 × 4 en fuite. C'était lors d'une manœuvre classique sur le périphérique pour ralentir la fuite d'un délinquant. Le chauffard n'avait pas réduit sa vitesse. Lancée à 152 km/h, la voiture semblait propulsée comme un missile, rapporta un témoin. Cyril, je l'avais connu stagiaire dans le XVIIIe. Il était marié et papa de deux petites filles. Reposez en paix, mes frères d'armes.

La vision du véhicule de police littéralement pulvérisé me submerge et m'arrache un hurlement d'impuissance. Comment les oublier ? Comment oublier l'image de cette Mondeo que conduisait Cyril, la même que celle que je conduisais à la Bac N ?

L'idée d'en finir cheminait doucement, détruisait lentement, mais sûrement, mon cocon familial, ma femme, mes enfants. Et je courais pour fuir mes pensées morbides.

À présent, je veux juste trouver la paix. Je ne pèserai plus sur les miens, je ne gâcherai plus leur vie avec mes colères excessives et injustes. Le remède, je le serre dans ma main droite. Un kilo cent de métal qui, depuis plus de vingt ans, ne quitte plus ma hanche.

10

Au commissariat, nous n'étions pas loin d'en venir aux mains avec ceux que je nommerai simplement le « trio infernal ». Ces partisans du « chiffre à tout prix », prôné par notre major, gagnaient en toute-puissance. Ils étaient prioritaires sur les congés et légitimés dans leurs actions et leur excès de zèle. La pression sur le reste de l'équipe de la Bac était constante. Par exemple, à chaque sortie, ils se ruaient sur les voitures pour conduire et décider des trajets. Si l'un de nous, à l'arrière, demandait un arrêt pour aller aux toilettes, ils le faisaient attendre plus d'une heure… Leur hégémonie était un cyclone qui s'autoalimentait et se renforçait avec le temps.

Un jour, lors des tests d'habilitation de la Bac[1], je me retrouvai face à l'un d'eux dans l'atelier de boxe… Après qu'il eut reçu plusieurs avertissements de l'arbitre lui demandant de faire plus doucement, je lâchai mes coups. Un soulagement de courte durée…

La tension montait inexorablement. Sans compter que nos équipes étaient préoccupées par l'attentat contre *Charlie Hebdo* de janvier 2015, et bouleversées par le décès tragique d'un collègue qui patrouillait boulevard Richard-Lenoir, abattu par les frères Kouachi. Même

1. Tous les trois ans, chaque policier de la Bac doit repasser des tests afin de confirmer ses aptitudes physiques et psychologiques (entraînements d'endurance, épreuves de force, tir, culture générale, rédaction d'un procès-verbal, etc.).

si nous ne le connaissions pas, ce policier était l'un des nôtres.

À l'échelle de notre petit service Bac, les manipulations psychologiques s'intensifiaient. Mois après mois, la situation se dégradait. L'esprit d'équipe, cette formidable camaraderie qui nous liait et qui m'importait tant, se délitait inéluctablement. Nous étions tous embarqués sur un rafiot qui prenait l'eau et nous écopions à mains nues pour retarder le naufrage.

Et puis le pire arriva. Comme pour la grenouille brûlée vive. Je pense à Thomas. Il avait quarante-deux ans, un sourire imperturbable accroché aux lèvres. Un soir, des collègues de la Bac en service le retrouvèrent au fond d'un bois, une bouteille de vodka dans une main, une arme dans l'autre. Ils arrivèrent juste à temps et surent trouver les mots qui soulagent. Avant de fuir pour en finir, Thomas avait écrit à son fils, à sa femme, et à nous, ses collègues. Il disait avoir l'intime conviction que le « trio infernal » était un trio de connards et que nous ne devions pas nous laisser faire.

J'étais abasourdi. Nous étions tous les jours avec lui, à travailler, à plaisanter, et nous n'avions rien vu ! Rien dans son attitude ne laissait percer la gravité de son mal-être. Peut-être n'avions-nous pas su repérer les signes de sa détresse.

Quelques mois auparavant, Thomas avait survécu à un crash d'hélicoptère. Chargé de la surveillance d'une banlieue ébranlée par la violence, il avait dû grimper à bord d'un appareil de la gendarmerie pour accomplir sa mission. En plein vol, une sirène avait retenti et l'hélicoptère s'était mis à tournoyer. Impuissant, accroché à son siège, il entendait le mécanicien s'adresser au pilote :

— Remonte le manche... Vire... Relance... Allez, on la refait !

Rien ne fonctionnait, l'hélicoptère tournait sur lui-même, de plus en plus bas.

— Tu vois la tache verte là-bas ? C'est là que tu vas te crasher… On tente encore un truc, OK ? Tu coupes le moteur et tu redémarres juste derrière…

— Je l'ai déjà fait en simulateur, je me suis crashé à chaque fois.

— Essaie quand même !

L'hélicoptère tournoyait toujours. Le pilote avait suivi le conseil. À quelques mètres du sol, le moteur était reparti. Ils avaient frôlé la mort…

Aujourd'hui, c'est mon tour. Je n'ai prévenu personne. Pour moi, il sera trop tard. J'ai croisé trop de détresse, de violence, de souffrance. Je ne laisserai aucun message aux miens. De toute façon, je ne sais plus être un mari, ni un papa. Et de mots capables de me sauver, il n'en existe pas.

Dès le lendemain du drame, le commissaire en charge de notre service demanda à nous parler. Depuis le début du conflit ouvert entre collègues, il ne venait plus dans nos bureaux. Son ton était solennel, quasi impérieux :

— Ayons tous une pensée de soutien pour notre collègue et ami. Souhaitons-lui de se rétablir vite… Bon, alors, on est tous d'accord, ce sont des problèmes personnels qui ont amené Thomas à cette tentative de suicide.

J'étais révolté, écœuré. Dans sa lettre, Thomas exprimait clairement la tension constante et la dégradation de l'esprit d'équipe au travail. Il n'était pas question de la boucler, de dissimuler les véritables causes de son geste. Dix ans que je travaillais avec lui. Il était mon ami, comme un jumeau ; nous étions nés dans la même ville, à trois jours d'intervalle, et pourtant je n'avais rien perçu. Non, je ne laisserais pas ce commissaire le salir, salir sa vie privée. Le mal-être qui le rongeait, nous étions nombreux à le ressentir. Il fallait réagir avant qu'un autre ne craque. Face à notre indignation, le commissaire voulut nous réunir. Excédé par ses palabres, je refusai la proposition car je souhaitais m'entretenir en privé avec lui.

Il se trouva ainsi acculé à me parler en tête-à-tête en présence de mon capitaine venu en qualité de témoin.

Je lui déballai mon état d'esprit :

— Vous ne voyez pas ce qui se passe, à la Bac ? Vous devez intervenir, agir rapidement. C'est votre rôle, vous êtes payé pour ça ! La santé mentale de vos équipes, vous y pensez ? Si Thomas a voulu mourir, c'est à cause de notre job. Rien à voir avec sa vie privée. Si ça va mal chez lui, c'est parce que ça va mal ici. C'est votre rôle, de veiller sur tous ceux qui sont sous vos ordres, comme l'imposent le Code du travail et le règlement d'emploi de la police nationale. S'il y a un suicide demain, cette fois, vous en porterez la responsabilité car, aujourd'hui, vous êtes informé devant témoin !

Il m'écouta avec attention. Tous les autres collègues lui tinrent le même discours, hormis le « trio infernal », ses trois protégés. Mais rien ne changea. La situation était claire.

Je perdis mes derniers lambeaux d'illusions. Ce poste dont je rêvais enfant était un cauchemar quotidien. D'ailleurs, plus aucun flic ne voulait rejoindre la Bac, et ceux qui le pouvaient se barraient. Quant à moi, je travaillais toujours autant, enchaînant interpellations et interventions à risque. L'adrénaline m'engourdissait l'esprit. Je n'avais pas de meilleur médicament pour ne pas penser.

Je me souviens de ce vendredi 13 novembre 2015, je n'en pouvais plus. J'étais perdu, au bout du rouleau.

Même si nous n'étions pas à Paris, toutes les forces de police de France étaient mobilisées, en état d'alerte maximum. Une série de six fusillades et d'attaques-suicides avaient semé la terreur à Paris le 13 novembre : Stade de France, terrasses du Petit Cambodge, du Carillon, puis de la Bonne Bière et de Casa Nostra, le Bataclan, la Belle Équipe et le Comptoir Voltaire. Nous étions en guerre, vingt-quatre heures sur vingt-quatre, prêts à nous mobiliser.

Et moi, je n'étais bien nulle part. Ni au boulot, ni à la maison. Incapable de combler le fossé que j'avais creusé dans mon foyer, je vivais à côté de ceux que j'aimais. Mon esprit était absent. Quelque chose devait changer, absolument. C'était une question de survie. Mais que faire ? J'étais coincé à la Bac et pas prêt à abandonner mon rêve d'enfant.

Mais j'avais raté par deux fois les tests pour rejoindre le Raid et les Stups m'étaient interdits. J'étais malheureux, colérique, invivable. L'idée d'en finir m'assaillait la nuit et les antidépresseurs que m'avait prescrits le psy n'y changeaient rien.

Alors l'idée de quitter les miens m'est apparue comme la seule porte de sortie. Si je partais, peut-être cela vaudrait-il mieux pour tout le monde. Je ne pouvais pas rester ainsi. Fuir pour survivre.

Un matin, au retour d'une patrouille, j'ai attendu ma femme, longuement, dans la cuisine. J'avalais ma troisième tasse de café lorsqu'elle est apparue dans l'encadrement de la porte. J'étais ravagé par le chagrin, je devais lui dire pour lever la pression, tenter d'échapper à ce quotidien devenu irrespirable.

— Je n'y arrive plus. Je suis agressif avec toi, avec les enfants.

— C'est bien de le remarquer, convint-elle, avec un triste et doux sourire.

— Je vais partir, Isabelle.

Elle était debout ; elle posa les mains à plat sur la table de la cuisine, comme pour s'empêcher de tomber.

J'ajoutai doucement :

— Si je reste, ça va mal finir.

— Pourquoi ?

Sa voix s'était brisée.

— Tu vois bien que je n'y arrive pas. Je suis totalement absent, on vit en décalage. Je ne dors plus, je suis insupportable, je vous pourris la vie. Hier, j'ai oublié de récupérer Paul au foot, j'ai gueulé parce que le pot de moutarde était vide, parce que Justine chantait trop fort dans sa chambre, parce que personne n'avait sorti le chien… Je suis invivable.

Ma femme m'écoutait. À chacune de mes phrases, son visage se décomposait davantage. Elle éclata en sanglots.

— Je t'en prie, ne pars pas. On a besoin de toi. Je t'aime, on t'aime.

La voir si démunie, si perdue, me brisait le cœur. Je découvrais la force de son amour. Celle du mien aussi. Je l'aimais, mon souhait n'était pas de la quitter, juste de m'arracher à moi-même.

Je pris Isabelle dans mes bras, je lui demandai pardon et promis de me ressaisir. Je suis un flic, un homme fort, je prendrai sur moi.

Je surnageai encore quelques jours, en faisant bonne figure pour la rassurer. Je bataillais avec un monstre invisible, tapi dans mon âme. Je ne dormais plus, la douleur était trop intense. Un jour de semaine, alors que j'étais en repos, seul à la maison, je m'effondrai en pleurs. J'avais si mal. Et j'entraînais ceux que j'aimais dans la spirale de mon malheur. Je les faisais souffrir par mon comportement toujours inexpliqué, mes évitements, mon irritabilité, mes coups de colère, mon absence, mon état de dépression chronique. J'étais la cause de la tristesse de tous.

Un jour j'ouvris une bouteille de cognac et je me servis un verre, accompagné d'un cachet censé m'apaiser. Mais le monstre était toujours là. J'en pris un deuxième, un troisième. Mon angoisse ne se levait pas. Alors, j'avalai la plaquette de médicaments, puis la boîte. Et une autre. La bouteille était vide, mais je n'étais pas calmé. J'étais exténué, mon mal-être n'était plus supportable. La seule issue était d'en finir pour vaincre le monstre planqué dans mes tripes, pour tuer la souffrance. J'attrapai mon arme, avant de me raviser. Ce n'était pas l'image que je voulais laisser à ceux qui me découvriraient. Je ne voulais pas infliger aux miens le spectacle de mon cadavre ensanglanté.

Je serre la crosse de mon arme entre mes doigts. Cette fois, je me fiche que mon cadavre soit propre, mon visage méconnaissable. Je vais m'exploser le crâne, seul dans ma voiture, loin de la maison. Des collègues de police-secours viendront récupérer mon corps. Je serai le premier mort d'un jeune débutant ; celui qui viendra hanter ses cauchemars, nourrir ses nuits d'insomnie.

J'avalai ma dernière plaquette de somnifères. Un doux engourdissement m'envahit enfin. Le monstre desserrait son étreinte. Mes paupières étaient lourdes, mon esprit embrumé. Mes pensées m'entraînaient vers Thomas. Tu t'es loupé, mon pote. Pas moi ! Je lui adressai un dernier SMS, aussi confus que mes pensées. Il comprit instantanément que je n'étais pas dans mon état normal et fonça chez moi. À ma vue, il mesura l'étendue des dégâts, appela les pompiers, puis ma femme.

Les pompiers voulaient, évidemment, m'emmener à l'hôpital. Le peu de lucidité qu'il me restait me dictait de refuser. Si ma hiérarchie avait vent de mon geste désespéré, je serais désarmé, viré de la Bac.

Les pompiers insistaient ; je résistais.

— Si vous voulez m'embarquer de force, vous avez intérêt à appeler du renfort !

La panique à l'idée que cela se sache décuplait mes forces, cimentait ma détermination.

Une patrouille de gendarmerie débarqua. Je gardai le même ton ferme, ma motivation restait totale. Je me souviens de ce jeune gendarme qui mit juste la main sur l'étui de son Taser ; un geste qui à lui seul acheva de m'exaspérer. Le chef de patrouille fit sortir tout le monde. Il me calma et je lui expliquai brièvement ma situation.

— Hors de question d'être hospitalisé. Je suis flic, si on croit que j'ai cherché à me suicider, on va me retirer mon arme. Et c'est pas le cas ! Tout va bien !

— Je vous promets de ne pas faire de rapport, si vous me promettez de suivre les pompiers jusqu'à l'hôpital.

Je promis ; il tint parole.

Au CHU de Dijon, un médecin-urgentiste me prit en charge. Trop tard pour un lavage d'estomac. Je fus placé en observation pour la nuit dans une chambre sécurisée. Bouclé, tel un condamné, coupable d'avoir attenté à une vie. La mienne. Ça ne regarde que moi, non ? À chaque visite d'infirmière ou de médecin dans ma « cellule », le soignant était chaperonné par un vigile. Avec de telles mesures de sécurité, j'étais peu enclin à la confidence. Juste préoccupé par le meilleur moyen de me faire la belle.

— Comment vous sentez-vous, Christophe ?

— Bien, très bien, même !

— Vous êtes sûr ?

— Bien sûr. Je me sens vraiment mieux. J'avais trop bu, rien de grave. C'est du passé maintenant. Ne vous inquiétez pas.

J'étais prêt à tous les mensonges, pourvu qu'ils me remettent en liberté ! Je fus relâché le lendemain midi. Mon hospitalisation aura duré moins de vingt-quatre heures.

Le surlendemain, j'assurais une patrouille. Aucun collègue, même parmi ceux avec qui je tournais depuis de longues années, ceux avec qui je passais le plus clair de mon temps, ne soupçonna quoi que ce soit.

Avec Isabelle, nous parlions énormément. La solution n'était pas de quitter la maison. S'il y a bien une geôle dont on n'échappe pas, c'est soi-même !

Nous tentions de reconstruire notre couple, de retrouver notre complicité, un vrai dialogue aussi. Alors, la vie reprit, bancale.

Le psychologue suggéra, pour m'aider à me reconstruire, que mes proches m'écrivent une lettre de soutien. Mon père ne le fit jamais ; ma mère s'en acquitta. Elle m'écrivit une longue lettre qui débutait ainsi : « Je pourrais dire que tu es le plus beau, le plus fort et le meilleur, mais ça ne marcherait pas parce que je suis ta maman… » Et elle enchaînait avec une longue liste de reproches… C'était trois semaines après ma sortie de l'hôpital. Aucun soutien à attendre de ce côté-là.

Je ne prenais plus aucun plaisir à mon travail, malgré la thérapie, malgré le soutien de mes proches.

Je commençais à envisager de quitter la police, de changer de carrière. Je rencontrai même, dans le plus grand secret, un conseiller en orientation professionnelle. L'homme me donna des outils, me permettant de faire un bilan de compétences qui ne m'aida en rien. J'étais persuadé, comme 90 % des flics, de ne rien savoir faire d'autre. Jusqu'au jour où un chef vint me trouver.

— On va créer une BRI[1] à Dijon et ce serait bien que tu en sois. Ça t'intéresse, Tof ?

— La brigade antigang ? Oui, carrément !

Elle était là, ma porte de sortie de la Bac. Moi qui faisais moins de sport, moi qui veillais à passer davantage de temps et à partager des loisirs avec ma femme et mes enfants, je repris un entraînement intensif. J'étais déterminé. Cette fois, ça marcherait. Quand j'aurais rejoint la BRI, tout irait mieux à mon travail et donc, par ricochet, à la maison.

Je me réentraînais à fond : course, vélo, natation, boxe, musculation. J'en oubliais le reste. J'entrapercevais enfin la lumière au bout du tunnel.

Cette fois encore, je passai haut la main les prétests et j'allai confiant à la semaine de sélection qui se déroula sans encombre. Je franchis tous les obstacles sans accident, ni fracture.

Vint ce jour de février 2016, celui du résultat. Nous étions une centaine, assis, silencieux et attentifs dans le grand amphithéâtre du centre d'examen. Seuls les lauréats seraient appelés. Les autres seraient invités à partir, sans explication. Un gradé de la BRI se leva, une feuille à la main. Les noms des reçus s'enchaînaient. J'attendais le mien, les poings serrés, le cœur battant.

---

1. BRI : Brigade de recherche et d'intervention.

Plus qu'un nom. « Franck P. », assena le gradé. J'étais anéanti. J'avais donné le meilleur de moi-même pour être écarté sans la moindre justification. La lumière s'éteignit. Je croupirais à la Bac.

Depuis un an, je m'étais pourtant débattu pour ne pas me noyer. Mais mon mal-être était viscéral, ancré dans mes tripes. Ce nouvel échec pour intégrer la BRI de Dijon, je ne parvenais pas à l'encaisser. La légende du Raid m'aurait posé la main sur l'épaule.

— C'est pas toute la vie ! C'est pas la fin du monde ! Tu feras autre chose, m'aurait-il dit.

Mais, pour moi, c'était la fin du monde. Je ne savais rien faire d'autre.

Je tentais en vain de me persuader que l'expérience avait été belle, que j'avais dépassé mes limites et beaucoup appris sur moi-même. Mais j'étais toujours à la Bac, toujours mal dans ma peau.

Depuis ce soir de 2010 où je m'étais réveillé en pleurs, je ne comprenais toujours pas ce qui me mettait dans cet état. J'avais beau chercher, explorer des pistes avec mon psychiatre, rien ne changeait, je n'arrivais pas à trouver la clé. Cette clé qui me permettrait de soulager cette souffrance constante, de respirer, d'abandonner cet état d'hypervigilance vis-à-vis de tout et de tout le monde, de vivre normalement. Je ne sortais plus. J'étais incapable de visiter une ville en famille durant les vacances, quelle qu'elle soit. Trop de bruit, trop de gens, trop d'inconnus. Je fatiguais, je sortais de mes gonds pour un rien et m'énervais après Isabelle et les enfants.

Cet état constitue un handicap de plus en plus invasif au quotidien. Tant de choses que je ne peux plus faire, ou que je dois faire différemment, pour ne pas vriller. Outre l'extrême concentration et la tension qui en résultent, le décalage avec mon entourage est total. Ils s'amusent ; moi, je veille. Jamais je ne baisse la garde.

Je me souviens de cette sortie au cinéma en famille. Nous allions voir la comédie *Qu'est-ce qu'on a fait au bon Dieu ?*

À quinze minutes de la fin, un individu vêtu d'un blouson sombre, les mains dans les poches, surgit au fond de la salle. Son comportement m'intrigue immédiatement. Je suis évidemment placé de manière à avoir une vue idéale sur le lieu. L'homme entre par une porte dérobée, puisque ce n'est pas celle que nous avons empruntée à notre arrivée. Cette porte, je l'ai repérée lors de mon scan préliminaire de la salle. Il se tient de dos. Le réflexe naturel d'une personne qui entre dans une salle de cinéma en pleine projection est de regarder l'écran, même brièvement. L'homme fixe les spectateurs et garde son blouson. Il n'est pas sorti en cours de projection, je l'aurais vu. Je suis en alerte rouge, le film n'existe plus. De plus, deux facteurs aggravent la situation. Nous sommes en plein Vigipirate écarlate, peu après la série d'attentats terroristes inédite sur le sol français, et l'homme porte une barbe imposante, semblable à celle d'un musulman. Il ne m'en faut pas davantage. Le temps est suspendu. J'observe le suspect qui observe la salle remplie. Tout à coup, sans raison apparente, l'individu s'en va par où il est venu. Encore plus étrange. Je ne quitte plus cette porte des yeux. Quelques minutes plus tard, il revient et reproduit le même comportement. Je lis de l'impatience dans son langage corporel. Il va se passer un truc. Ma tension est extrême. Je chausse mon arme, une cartouche est chambrée. Je viens de vérifier. Je suis prêt.

Je checke la salle et, en me retournant, je vois les visages des spectateurs, accaparés par le film. Ils se fichent de la présence de cet homme, tout comme ma femme et mes enfants. Moi, j'attends le moindre faux mouvement, l'indice, qui viendrait me conforter. J'ai totalement lâché le film. Au générique, les lumières se rallument. Instant crucial, ça peut être maintenant. Je suis prêt à bondir, prêt à faire feu au besoin. L'individu se poste devant la fameuse porte dérobée pour orienter la foule vers l'autre porte. C'est un employé du cinéma. Il indique aux gens de sortir par l'entrée, car il y a des travaux de l'autre côté. Je sors de la séance épuisé, stressé. Ma femme et mes enfants sont détendus, souriants. Sur le moment, je n'en parle pas. Je suis mutique, en total décalage émotionnel. Nous ne sommes plus dans le même monde.

Je mesure comme l'ignorance est un luxe, une bénédiction. Cette légèreté m'est interdite. Jamais je ne retrouverai la capacité d'aimer, de rire, de vivre.

Je n'arrive plus à récupérer, même si mon corps est, sur le plan physiologique, habitué à supporter de dormir peu. Je suis irritable à l'excès. Je n'ai rien trouvé de mieux que la colère pour me préserver et tenir le coup. Un désastre pour mon entourage. Bien sûr, il existe une autre parade : échapper à la réalité à l'aide de substances diverses. Pour certains, l'alcool, les drogues, les médicaments. Pour ma part, j'accumule l'adrénaline en roulant à tombeau ouvert sur ma moto. Je réduis ma distance de sécurité jusqu'à la supprimer. Frôler la mort pour ne pas mourir. Absurde, non ?

De toute façon, si j'avais eu un accident, si j'étais mort sur la route, ç'aurait été tant mieux. J'aurais trouvé la paix et tout le monde aurait été tranquille depuis longtemps. Je croyais avoir vécu le pire lorsque j'ai échoué à l'hôpital avec les pompiers. Je me trompais. Le pire, c'est maintenant. Je n'ai plus rien. Justine a dix ans, nous avons fêté les huit ans de Paul la semaine dernière et, aujourd'hui, Isabelle va partir avec eux. Je ne les verrai pas grandir. De toute façon, je raterai l'essentiel.

11

Il paraît que le moment le plus propice à une rechute, après une tentative de suicide, advient douze mois plus tard. Je suis pile dans les temps. Planqué sur ce petit chemin de campagne sous un marronnier en fleurs, je rends les armes.

Il y a un an, je voulais quitter la maison pour de mauvaises raisons. Aujourd'hui, c'est elle qui s'en va. La seule femme que j'aie jamais aimée me quitte. La vie avec moi, ou plutôt à côté de moi, est devenue insupportable. Je suis un colocataire embarrassant, irascible, colérique ; au mieux absent. J'ai usé son amour, sa patience, sa compréhension. Même à l'annonce de son départ, je suis resté sans réaction. Comme si ça allait de soi. Je ne manifeste plus aucune émotion. Ni tristesse, ni angoisse, ni joie. Rien ne m'affecte. En apparence, du moins. Je suis détruit à l'intérieur, il ne me reste qu'à finir le travail.

Je n'en peux plus de subir ces sensations de peur intense, ces poussées de stress à cause d'un bruit, d'une odeur, d'une situation qui en réveillent d'anciennes. Je suis fatigué de n'être bien nulle part, ni au travail ni à la maison, pas même en vacances. Je n'ai plus de répit, car je ne connais plus de repos. Et j'entraîne ma famille dans ma dégringolade. J'aurais voulu tout refouler, mais ma détresse et ses effets sur mon humeur sont trop violents.

En quittant la maison j'ai vu sa valise et celle des enfants au bas de l'escalier. Isabelle les avait déjà remontées de la cave. Je colle mon arme sous mon menton. Un frisson me parcourt au contact de l'acier du canon. Mon index caresse la détente. Dans quelques secondes, nous serons tous débarrassés de ma présence. Ironie du sort : l'arme censée me protéger et défendre les citoyens va m'ôter la vie. Au loin, les voitures filent sans me voir, sans savoir. Demain au bureau, je serai dans toutes les discussions, plus présent que jamais.

— Tu savais, toi, qu'il allait mal, Tof ?

— Bah, non, j'ai rien vu.

— Putain de métier !

Je tiens fermement mon arme. Ma main ne tremble plus. Un flic, ça ne craint pas le feu. Je songe à mes collègues qui ont perdu la vie pour secourir des inconnus ; à ceux qui, à bout de tout, n'ont vu d'autre solution que de mourir pour cesser de souffrir. C'est mon tour. J'arrive, les gars, je vais devancer l'appel. Je serre fort la crosse dans ma main, lève le bras à hauteur de mon visage et appuie le canon en biais, au-dessus de ma glotte. La pression de mon index sur la queue de détente se fait plus lourde. Je ferme les yeux à jamais. Flash du square Léon. Le barillet, les cartouches du .357 Magnum qui m'éblouissent, me narguent. Haut-le-cœur.

Le silence est total, comme si le vent retenait son souffle comme je retiens ma respiration. Même le moineau s'est tu brusquement. Soudain, je sens la force d'un regard sur moi. Un léger soupir, un froissement dans mon dos. Par réflexe, je rouvre les yeux et regarde dans le rétroviseur intérieur. Héra est là ! Son regard débordant d'un amour absolu me fixe. On ne se lâche plus des yeux. J'y trouve une source de vie, d'espoir, d'admiration, de confiance. Héra est ma chienne, un braque de Weimar. Ma compagne de footing, ma confidente aussi.

Ma relation avec les chiens a toujours été forte, essentielle. Enfant, mon meilleur copain, c'était Nanou, un croisé pointer-boxer, mon point d'équilibre, avec qui je passais davantage de temps qu'avec les humains. Il est mort quand j'avais vingt et un ans. Dès que j'ai emménagé à Fontenay-sous-Bois, j'ai repris un chien.

Je n'ai pas vu Héra grimper à bord. Elle est là, remplie d'une vitalité débordante. Ses yeux d'un vert magnifique m'interrogent. Soudain, elle aboie, enthousiaste, impatiente. La vue des arbres lui donne envie de se dégourdir les pattes. Sa présence me renvoie à ma vie, aux vivants, à mes enfants. Ils ont besoin de moi. Ma chienne me rappelle que je suis capable d'aimer et d'être aimé.

Si j'appuie sur la détente, mes enfants souffriront davantage encore. Mon absence sera éternelle, et je leur imposerai le souvenir d'un père qui leur a préféré la mort. Quant à Isabelle, si je meurs, je ne pourrai pas tenter de la reconquérir. Parce qu'après tout Héra vient de me rappeler que je sais aimer. Je lâche mon arme, les larmes montent. Ma chienne bondit sur le siège passager, puis sur mes genoux. Je vais me battre, me donner quelques jours. J'enfonce mon visage dans son pelage, respire son odeur, me reconnecte à l'essentiel.

Je roule, prudemment cette fois, vers la maison. Héra a résolument posé sa grosse tête sur mes genoux, comme si elle pouvait comprendre mon désarroi. Avant de franchir le seuil de mon foyer, je chausse mes lunettes de soleil pour masquer mes yeux rougis, au cas où je croiserais les enfants. Ils sont au salon, avachis sur le canapé, captivés par le nouveau *Cendrillon*. Je les regarde longuement. Ma femme est à l'étage. Les valises ne sont plus au bas de l'escalier. Fébrile, je passe de l'eau glacée sur mon visage, puis je pars travailler.

Au commissariat, personne ne capte ma détresse. Ce dimanche 22 mai 2016 est un jour comme tant d'autres. J'ai failli me flinguer. Il est 13 heures et personne ne soupçonne rien. Si seulement l'un de mes collègues sentait ma souffrance, me tendait la main, proposait de m'écouter. Mais rien. Leur indifférence, leur absence involontaire de soutien, m'affecte à l'excès. Je fais le maximum pour dissimuler mon désespoir, mais est-il possible de maîtriser chaque détail ? Non. À force de presque vivre ensemble, on doit bien percevoir des failles, bon sang ! Un changement de comportement s'opère forcément. Le changement, ce jour-là, ce sont les nombreux appels de ma femme, alors que j'en reçois très peu habituellement. C'est quand même un signe, ça, non ? Et puis, je ne me suis pas rasé et j'ai une sale mine. Hélas ! pour le voir, il faut y être sensibilisé, savoir qu'un changement, même infime, dans les habitudes d'une personne peut révéler un énorme malaise. Mais personne ne nous l'a jamais expliqué.

Je n'en veux pas à mes collègues qui n'ont rien vu. J'en veux à l'institution qui ne propose aucune formation sur la prévention du suicide.

Ce soir-là, comme par une étrange coïncidence, Nicolas Sarkozy, alors président du parti Les Républicains, à la suite de violentes manifestations, annonce sur TF1 demander « le rétablissement des peines plancher pour toute personne portant atteinte à l'intégrité physique d'un représentant de l'autorité publique qui porte un uniforme, policier, gendarme, pompier, gardien de prison ».

Même si je l'ignore encore, ce premier jour du reste de ma vie constitue les prémices de l'association Pep's/SOS Policiers en détresse.

À compter de ce jour, je vais me battre, terrasser le démon invisible qui campe dans mon être. La peur de perdre ma femme décuple mes forces. Elle redevient le centre de ma vie et de mes attentions. Je dois la reconquérir. Je l'aime plus que tout et, si mon amour est difficile à dire, je vais le lui prouver. À force de discussions, de moments partagés, Isabelle accepte de repousser son départ et me donne une chance. Je redouble d'efforts chez le psy pour comprendre ce qui me ronge et j'entame des recherches sur ce qui m'est arrivé. Je veux comprendre pourquoi les images des morts que j'ai croisés, tout comme celle du barillet, restent imprimées dans ma rétine.

Dans un premier temps, je parviens à stabiliser la situation à la maison, mais sans dire à Isabelle ma tentative de suicide. Je ne sais comment l'expliquer. Vis-à-vis des miens, j'ai honte, je me sens coupable. Et je crains, si cela s'ébruite, qu'on me retire mon arme. Je dois tenir à la Bac de Dijon, jusqu'au jour où je parviendrai à trouver une autre affectation. Être désarmé anéantirait ma carrière. La hiérarchie en profiterait pour me coincer derrière un bureau.

12

Les mois passent. Je retrouve un équilibre côté personnel. Lors d'un week-end en amoureux dans un Relais & Châteaux, je trouve enfin le courage de dire mon geste fou à Isabelle :

— J'ai failli en finir.

Elle est bouleversée. Je lui promets de ne plus jamais attenter à ma vie et de ne plus jamais rompre le lien entre nous.

Mais à la Bac, je reste au fond du gouffre. Et mes collègues ne vont pas mieux que moi. Nos rires sont rares, nos regards trahissent lassitude et morosité. Peut-être certains ont-ils vécu la même chose que moi. Ont-ils aussi choisi de se taire ? Et si, comme eux, je n'avais rien vu ?

Je ne peux pas rester là, bras ballants, à attendre de cuire à petit feu comme une grenouille. Chaque jour, en intervenant dans les pires endroits, aux pires moments, nous faisons preuve de courage. Pourtant personne n'a l'audace de parler, de confier son mal-être. Nous subissons en silence, par habitude, par sens de la hiérarchie, par peur d'être bannis. Le « trio infernal » et le major imposent leur loi à la Bac : tous s'y soumettent, en premier lieu les chefs de groupes. Je ne le supporte plus. À tel point que les week-ends qui précèdent deux jours de travail avec eux, obsédé par cette perspective, je n'en dors pas.

Ces quatre flics ont joué un rôle certain dans la dégradation de mon environnement de travail et dans ma dégringolade. Ils ont agi en pleine conscience. N'est-ce pas cela que l'on nomme « harcèlement » ? Je suis alors tenté de le penser. Je dois arrêter de fuir et affronter.

Je vais attendre le moment opportun et agir. La situation est suffisamment grave pour justifier qu'un terme soit mis à leurs agissements ou qu'ils quittent la Bac, sans pour autant risquer un blâme ou un renvoi.

Un jour de sortie avec le « trio infernal », assis à l'arrière de la Citroën C4, en spectateur plus qu'en coéquipier, le chauffeur se lance dans une folle course-poursuite derrière un scooter volé. Les rues et les trottoirs sont bondés, le deux-roues accélère, slalome entre les obstacles, manque de renverser une femme et sa poussette. La salle de commandement demande d'interrompre la course. Mes collègues, grisés par l'action et sûrs de leur talent, n'obéissent pas et poursuivent la chasse. Quant à moi, impuissant, je me cramponne à mon siège en priant pour que personne ne soit blessé. Eux sont galvanisés et mon avis serait de toute façon inopérant. Le feu suivant est au vert lorsqu'un vieil homme s'engage sur le passage clouté. Même si le chauffeur freine, à cette distance, impossible de l'éviter. Le chauffeur pile et donne un violent coup de volant à droite pour contourner le piéton. Notre véhicule achève sa course à près de 40 km/h contre un arbre. Je m'en extirpe un peu sonné. Le capot avant est « froissé » et, même si les dégâts sont minimes, je suis furieux. Pas question que je risque une fois de plus ma peau pour rien ; pas question de laisser ces trois cowboys confondre course-poursuite et rodéo !

Nous avons évité le pire avec Thomas, retrouvé de justesse au fond d'un bois, l'arme à la main. Et avec moi, même si personne ne le sait, ça fait deux. Combien sont-ils comme nous ? Combien sont à la limite de leurs forces sans oser le dire ? Comment le savoir ? Ces interrogations me taraudent jour et nuit.

Dans notre rôle de primo-intervenants, nous vivons des situations extrêmes et dangereuses, des événements que les policiers digèrent plus ou moins. Et surtout, nous savons que d'autres moments similaires peuvent se présenter à nous, n'importe quand et, dans ces cas-là, nous devons pouvoir compter sur nos collègues. Comment faire quand on n'a plus confiance en eux ?

Vivre sous tension exacerbe nos émotions. Dans notre milieu, un problème, qui dans une vie « normale » se résoudrait avec le temps, se transforme vite en une situation explosive.

Notre proximité avec la mort, couplée à la violence inouïe à laquelle nous sommes confrontés, modifie nos relations aux autres, notre gestion des conflits. Un drame peut vite se produire et générer une tentative de suicide.

Si je reste les bras croisés, si l'un de mes collègues se tue, je m'en voudrai à vie. Je sais notre équilibre fragile, notre résilience inégale, je sais qu'il peut suffire d'une étincelle pour basculer. Si personne n'ose s'opposer, révéler les abus de certains, je dois le faire. Mais il est difficile de dénoncer des collègues.

Après trois nuits de réflexion, je décide de raconter les faits à mes chefs et à mon officier. Pourtant, personne ne veut écrire ni intervenir. Manque de courage ? On attend un vrai drame ?

Cette fois, j'irai jusqu'au bout. J'adresse un rapport au commissaire de Dijon. Une enquête administrative est déclenchée. Je ne sais pas ce qui se dit, mais, un mois plus tard, après deux pénibles années, le chef de la Bac est remercié et remplacé. Lui et son « trio infernal » sont éparpillés dans tout le commissariat. Il aura fallu un mois pour ouvrir cette enquête, et six de plus pour les « disséminer ». Un délai difficile à « avaler », d'autant que la hiérarchie n'a rien fait pour m'aider ou me préserver.

Dans les faits, en tant que dénonciateur de leurs agissements, je suis devenu la cause du problème. Une situation confortable pour tous, sauf pour moi. Mais j'ai tenu bon, je me suis cantonné aux faits dans mes écrits. Et j'ai eu raison, car il n'est rien arrivé de bien méchant à mes collègues. Ils ont dû simplement changer de service en ayant, pour trois d'entre eux, le choix de leur nouveau poste. Une opportunité qui ne m'est toujours pas offerte…

La situation s'assainit avec l'arrivée d'un nouveau chef et de nouveaux collègues. Au fil des semaines, nous reprenons pied, même si nous évitons d'en parler. Un sentiment commun de honte, de culpabilité, perdure sans doute. Mais nous éprouvons aussi un soulagement difficile à exprimer. Comme il est dur de passer ce cap ! Le lien invisible qui définit notre précieux esprit d'équipe semble brisé. Remettre la machine Bac en route se révèle complexe.

Et pour la machine Tof, c'est pareil. Je peine à trouver des réponses sur ce que j'ai failli commettre, et sur le chemin que j'ai emprunté pour en arriver là.

Pourquoi suis-je entré à la Bac ? La réponse est simple : le goût de la liberté. J'aime être à l'initiative des affaires que je traite, j'aime avoir toute latitude pour les résoudre. Et je sais lesquelles m'intéressent : celles où il faut filocher, enquêter, agir et interpeller. Sur ce point, rien n'a changé.

Désormais, retrouver du plaisir dans mon travail sera ma priorité. Parce que je suis le même être humain où que je sois, au travail et à la maison. Si un côté est défaillant, l'autre dérapera à un moment ou un autre.

J'ai quarante et un ans et je prends conscience de n'avoir jamais été heureux, de n'avoir jamais vécu de vraies plages de plénitude, d'insouciance, de lâcher-prise. Désormais, j'y aspire, pour ma famille et pour moi. Pas question de perdre Isabelle et nos enfants. Je vais mettre toutes les chances de mon côté.

Du côté personnel, je prends soin des miens comme jamais. Mais cela ne suffira pas pour tenir dans la durée. Pour consolider mon foyer, pour rester un père et un mari attentifs, je dois reprendre la main du côté professionnel. Sinon, le temps fera son œuvre et mes résolutions seront un feu de paille.

Lors des événements qui ont secoué nos équipes Bac, mon chef de groupe s'est laissé vivre, il n'a pas levé le petit doigt pour venir en aide à qui que ce soit. L'homme est sympathique, mais je sais ne pas pouvoir compter sur lui, ni pour former les nouveaux collègues, ni pour prendre des initiatives. Il aurait même tendance à tomber dans la facilité, donc dans l'alimentaire. Cette détestable politique du chiffre satisfait la hiérarchie et les politiques, mais met à mal notre mission et ne règle rien : ni la délinquance, ni l'insécurité, ni le trafic de drogue.

Alors, je décide de l'ignorer et de faire mon métier. J'épluche les plaintes, je prends le temps d'expliquer ce que je sais aux jeunes collègues qui trouvent rapidement plus d'intérêt auprès de moi qu'auprès du chef. Certains apprennent très vite et c'est plaisant. Quel bonheur de transmettre ! L'espoir revient.

En lisant attentivement les rapports, nous notons une recrudescence des vols de téléphones portables dans le tramway de Dijon. Des vols qui, au fil des semaines, s'intensifient. Je décide de m'y intéresser de près. Nous scrutons à la loupe toutes les plaintes. En ressortent une description des individus, ainsi qu'un mode opératoire spécifique et des stations de tram récurrentes : les arrêts Darcy et République. Avec autant de billes, nous sommes prêts à entamer les surveillances physiques.

Action !

Nous trouvons rapidement des points d'observation et changeons notre apparence pour passer inaperçus car, depuis le temps, les jeunes délinquants de la ville nous connaissent. À Dijon, ils n'ont pas beaucoup de visages à mémoriser pour « détroncher » les flics de la Bac. Rapidement, nous repérons de potentiels « clients » correspondant aux signalements des plaintes, qui circulent sans arrêt et dans toutes les directions. Nos surveillances se concentrent sur eux tandis que les vols grimpent en flèche : une dizaine par jour.

Notre principal défi est de les approcher au plus près pour observer leurs faits et gestes, les voir voler un téléphone et suivre son itinéraire. Nos clients sont des virtuoses rodés à l'exercice. Une fois le téléphone retiré avec maestria de la poche de la victime, il passe de main en main et s'évapore. Or, pour présenter nos voleurs dans de bonnes conditions à la justice, il nous faut l'auteur, la victime, et l'objet. Dans 90 % des cas, les gens ne se rendent pas compte du vol, il faut donc avoir des yeux partout : pister les potentiels auteurs, les voir procéder, puis suivre simultanément le voleur, le volé et le téléphone. Pour assurer toutes ces filatures, nous sommes quatre, parfois cinq. C'est peu. Mais nous nous adaptons en utilisant toutes les caméras à notre disposition.

Nous y passons un temps infini, mais ces manœuvres sont excitantes et nous progressons. Nous localisons l'appartement de repli de nos clients, ainsi nous savons où les attendre pour récupérer le téléphone. Nous les suivons des heures, des jours, sans être repérés. L'opération est stimulante et implique de se remettre chaque jour en question.

Mais notre zèle n'est pas du goût de la hiérarchie.

— Vous ne ramenez pas grand-chose, les gars, en ce moment. Faut vous bouger un peu !

— On ne fait pas rien, chef! À terme, ça va payer.

— Le terme, je m'en fiche. Je veux des résultats au quotidien, et là, j'en vois pas ! Je vois juste que vous êtes trop nombreux à rentrer de vos journées les mains vides.

Pendant que nous observons, nous ne faisons pas d'interpellations, pas de chiffre…

— C'est le métier, chef! Un réseau, ça demande de la surveillance si on veut le remonter !

— Moi, je vois qu'à cinq vous ne rentrez rien ! C'est pas ce que je vous demande ! Je veux des résultats !

De toute façon, j'ai choisi d'agir ainsi, de faire mon travail et, tant que mes collègues me suivent, je prends le risque de tenir tête au chef. Une fois dans la rue, c'est nous qui décidons de ce que nous faisons.

Un jour, notre « groupe filoche » repère quatre clients. La filature démarre. Les premières bousculades en sortie de voiture commencent, sans qu'on puisse constater d'infraction. On attend. On maintient la surveillance. Au bout d'une heure, un collègue assiste au vol d'un téléphone lors d'un accrochage. Il en est certain. Nous sommes placés idéalement.

Action !

Nous arrêtons l'auteur dès sa sortie du tram. Un collègue suit le téléphone en attendant du renfort pour interpeller les autres individus. Le portable va de main en main. Pas d'urgence, on sait où ils vont se réunir. Nous parvenons à retrouver la victime, puis nous nous regroupons pour rejoindre leur appartement. Nous déboulons à cinq, interpellons quatre personnes – officiellement des mineurs isolés, mais au physique de jeunes adultes d'au moins vingt-cinq ans – et récupérons non seulement le portable de notre victime, mais aussi deux autres téléphones volés.

Nous appelons directement le PC Sécurité pour protéger les images de vidéosurveillance gardées seulement une semaine dans le tram. Nous avons réussi : notre équipe s'est reformée, s'est soudée. Nous prenons du plaisir à collaborer et je retrouve le goût de mon travail, perdu depuis trop longtemps. Le soir même, nous fêtons notre succès dans un petit bistrot bourguignon. Une soirée mémorable où nous trinquons à notre victoire. Je suis heureux.

Et du plaisir, nous allons en prendre et en reprendre ! Car, aux yeux de la justice, il ne s'agit là que de vols de téléphones et cela ne mérite pas de mettre nos clients en prison. Ni même d'apporter une réponse pénale qui les dissuade de recommencer.

Donc, trois jours après la première interpellation, ils remettent ça et nous aussi. Cette fois, notre travail se complique. Nos clients étant désormais des habitués, ils sont de plus en plus méfiants. Mais nous nous adaptons. Parfois on les perd après des heures de filature. Parfois on « gagne » et on les interpelle de nouveau. Comme l'appartement qu'ils squattaient est « cramé », ils en trouvent un autre. Nous passons un temps infini à les suivre pour déterminer avec certitude leur nouvelle adresse de repli, puis nous veillons à ne pas la « cramer » afin de toujours connaître leurs chemins d'accès et où les attendre. Ainsi, dès qu'un vol associé à la description d'un de nos relaxés se produit, nous nous plaçons, nous attendons et bingo : interpellation !

Grâce à notre acharnement, nous mettons un terme aux agissements d'une belle équipe de mineurs étrangers isolés qui écumaient les rues et les rames du tram. Nous les avons appréhendés, encore et encore, jusqu'à ce que la justice exaspérée se décide à les incarcérer. J'ai enfin retrouvé un sens à mon métier. Je suis flic et fier de l'être.

Nous continuons ainsi plusieurs mois durant à nous occuper d'affaires qui nous plaisent réellement et qui ont une véritable utilité. La politique du chiffre ? Rien à cirer ! J'ai mesuré les dégâts que cette politique a infligés, je ne suis pas prêt d'y adhérer.

Pour bien faire mon métier, je dois y prendre du plaisir. J'ai enfin trouvé ce qui me permet de tenir, de retrouver goût à la vie : ne pas me laisser atteindre par la pression de la hiérarchie et les obligations de chiffres. Elles glissent sur moi, telle la pluie sur un ciré breton ! La Bac veut me garder, alors qu'elle l'assume. Peu à peu, la hiérarchie, constatant que les résultats sont là, accepte mes méthodes.

Ça y est, j'ai vaincu le monstre qui squattait mes tripes. J'ai redonné du sens à mon métier ; je l'exerce avec engagement et enthousiasme. Et, surtout, ça va mieux à la maison.

Je suis allongé dans le noir, l'angoisse est sous contrôle. Il est minuit. Ma femme dort, la tête sur mon épaule. Je suis bien. La voix de Zaz résonne encore dans ma tête :

Où le ciel est si beau
Que j'en viens, je l'avoue
À envier les oiseaux[1]

J'ai réussi. J'étais présent, à 100 %, emporté par la musique et l'atmosphère du concert aux côtés de la femme de ma vie, perdu dans la foule du Zénith, sans crainte, sans stress.

J'ai déposé les armes et profité.

1. « De couleurs vives », paroles de Julie Prouha, musique de Tibz, Jules Jaconelli et Sylvain Duthu / © Jardin Musique, My Major Company Editions, Jack O Music, Warner Chappell Music France, Anthakarana Publishing, Strass Prod Sarl, 2022.

13

Je me reconstruis à la vitesse d'un TGV ! Et je reconstruis mon couple. La crise est passée depuis plusieurs mois, ma femme est toujours là. Les choses sont apaisées. Je cherche toujours des réponses à mes questions et je vois régulièrement un conseiller « mobilité carrière », même si le bilan de compétences qu'il me fait passer me laisse dubitatif. Certes, je suis compétent sur de nombreux plans, mais j'aurais voulu qu'il nomme des métiers qui me conviendraient. On ne réoriente pas sa carrière avec des compliments et des superlatifs. Quant à démissionner, quelque chose d'indéfinissable m'empêche d'y songer réellement. Même si mon métier a failli me tuer, même si le danger sera toujours là, Je l'aime. Sans compter que je ne me vois rien faire d'autre et suis incapable de me projeter dans un autre univers.

J'en suis à ce stade de ma réflexion quand un télégramme[1] me parvient : « Recrutement opérateur BRI. Stop. Du 21 mai au 3 juin. Stop. Moins de 45 ans et plus de 5 ans d'ancienneté. Stop. Visite médicale de moins de trois mois. Stop. »

Dans la foulée, plusieurs membres de la BRI me disent de passer les tests et de les rejoindre. Même le commandant sous-entend qu'il aimerait me revoir à la semaine de sélection.

1. Nous avons bien un télex au commissariat qui permet de transmettre des messages codés !

Mon avenir se situe peut-être là, après tout. Je n'ai pas lâché le sport, pas besoin de reprendre un entraînement intensif. Et je sais ce qui m'attend. Je ne reproduirai pas les mêmes erreurs pendant ma préparation. Et Isabelle me soutient…

Me voilà à Nîmes en une journée venteuse et ensoleillée de mai 2018 pour passer les prétests. Je les réussis haut la main et enchaîne avec la semaine de sélection qui se déroule à l'école des officiers de police de Cannes-Écluse, au sud de Paris.

Les épreuves se révèlent nettement moins physiques que celles du Raid, quoique le manque de sommeil pèse toujours autant. Je m'en sors bien, je cartonne, même ! Je suis détendu, en harmonie avec moi-même et, par conséquent, en pleine possession de mes moyens. Le troisième jour, je passe un entretien avec une jeune femme à la voix monocorde et au pull jaune poussin. Tout se passe bien, jusqu'à un certain point.

— J'ai remarqué un pic dans vos tests psy que je ne sais pas vraiment interpréter. Je n'ai jamais rencontré cela et je n'arrive pas à l'expliquer.

Je la regarde, un peu interloqué.

— C'est quoi, un pic ?

Elle évacue ma question et insiste de sa voix terne.

— Vous n'auriez pas un petit côté Monk ?

— Pardon ?

En fait, je ne comprends pas ce qu'elle dit. Il faudrait qu'elle soit plus explicite.

— Vous me faites confiance ? interroge-t-elle, le regard plongé sur une feuille blanche.

Je ne connais cette femme que depuis trois jours, elle me parle de « pic » sans préciser ce que ça signifie, me compare au détective un peu barré atteint de troubles obsessionnels compulsifs d'une vieille série télé, et me demande si je lui fais confiance?

— Non, je ne vous fais pas confiance.

— Pourquoi?

— Je ne vous connais pas.

Les mots m'ont échappé. À peine les ai-je prononcés que je voudrais les ravaler.

En fin de semaine, la réunion dans le grand amphithéâtre de l'école s'achève. Mon nom n'est pas appelé. Je songe immédiatement à la femme au pull jaune poussin. Ma réponse un peu directe a-t-elle scellé mon avenir? Je suis anéanti, davantage encore que les fois précédentes. Je quitte la salle, tête baissée, poings serrés. Le commandant de la BRI de Metz, qui m'a suivi tout au long de la semaine, me rattrape:

— Je ne comprends pas pourquoi tu n'as pas été pris, me dit-il. Moi, je t'aurais pris.

Incapable de lui répondre, je presse le pas. Il voulait me rassurer et ses mots ont renforcé mon incompréhension.

Je reprends la route en direction de Dijon, enfermé dans ma peine, mon portable éteint. Où ai-je échoué? J'ai dormi moins de dix heures en une semaine, réussi des épreuves plus exigeantes les unes que les autres. Je suis écœuré, vidé physiquement, mentalement. Envie de décrocher, de quitter ce métier ingrat. De toute façon, j'aspire depuis longtemps à autre chose, même si je vais mieux ces derniers temps. Après vingt ans de Bac, je voudrais changer de secteur. Comment m'y prendre?

Nous sommes dimanche après-midi, l'autoroute est vide et la route monotone et cernée de plaines qui s'étendent à l'infini. La musique joue fort, je ne l'entends pas. Comme dans un état second, je pars dans une profonde réflexion. Je m'interroge sur mon parcours professionnel, ma vie sentimentale, familiale. Quel sens a mon existence ? Le manque de sommeil couplé à la retombée du stress, et donc de l'adrénaline, facilite grandement mon lâcher-prise. Une conclusion m'apparaît, limpide, évidente : je côtoie les gens dans le malheur, dans la détresse. Même les victimes, lorsqu'elles vont mieux, je ne les vois plus. Presque personne ne vient me remercier pour l'interpellation d'un agresseur. Je le comprends, bien sûr. On ne pousse pas la porte de son médecin quand tout va bien. Et pour nous, c'est pareil. Je voudrais m'occuper du bien-être des gens, les voir retrouver le sourire.

À la maison, Isabelle m'interroge du regard. Je la sens inquiète à l'idée des possibles répercussions de ce nouvel échec sur mon équilibre. Elle sait à quel point la réussite à ce concours me tenait à cœur.

Je lui raconte ma fatigue, ma frustration, ma déception, mon écœurement, mon ras-le-bol. Pas question de reproduire les mêmes schémas du flic qui absorbe, tait, gère, contrôle. Elle comprend, me soutient. Cette implication, cette possibilité que je lui offre de m'épauler, change tout. Cette fois, ma souffrance ne nous éloigne pas. Elle nous rapproche.

Je ne suis plus le même. Les épreuves et l'expérience m'ont appris qu'il est vital de soigner l'esprit, autant que le corps. Être flic, c'est être aux prises avec la misère humaine, la violence, les souffrances. Comment aider les gens à aller mieux ? Comment soigner les âmes ? Moi, je n'ai appris qu'à chasser, à contraindre et à interpeller pour régler des situations de terrain. Je ne suis pas armé pour affronter l'invisible.

À force de réflexion et de discussions avec ma femme, une première idée surgit : faire des études de psychologie. Mais combien de professionnels m'ont aidé dans ma carrière de policier ? Aucun. Je n'ai jamais rencontré de psychologue de l'administration, même après mes interventions les plus violentes. Quant à la dernière que j'ai vue, celle de Cannes-Écluse, elle m'a flingué avec son mystérieux « pic ». Et puis, je n'ai aucune envie de faire patienter des personnes pendant des mois avant de voir un début de résultat. Ma connaissance des suivis thérapeutiques est pauvre et la seule que je connaisse est l'approche freudienne.

— Et le coaching ? C'est plus moderne et c'est très efficace pour aider les gens à aller mieux rapidement, me suggère Isabelle.

Je creuse l'idée, et plus je m'informe, plus cette approche accessible me séduit. Je trouve même une école compatible avec une vie active, où je pourrais me former tout en travaillant. Mais au préalable – comme à mes débuts dans la police –, pour être sûr de mon choix, je veux expérimenter la technique sur moi. Je trouve un cabinet de coaching et m'inscris à un cycle de dix séances. Ils sont plusieurs associés. Iris, ma coach, a la quarantaine, les cheveux bruns et lisses, le regard pénétrant, une voix douce et posée. Elle me pose de but en blanc une simple question :

— Pourquoi hésitez-vous à démissionner ?

De cette question centrale découle un flot de réponses : la peur de l'inconnu et de l'instabilité financière des débuts, mon manque de confiance en moi, etc. Des raisons banales qui ne me satisfont pas, car derrière chacune se trouve une solution. Cette première séance est une révélation. Le questionnement d'Iris est puissant et je repars convaincu d'avoir trouvé la bonne route.

Au fil du temps, la vérité me rattrape. La réponse à sa question initiale m'apparaît clairement : le bateau-police est en flammes. Je voudrais en sortir mais cette perspective me culpabilise. On n'abandonne pas un frère au front. Si je quitte la police, si je deviens coach, rares sont mes collègues qui pourront se payer mes services. À 100 euros de l'heure, vu le salaire des policiers, j'en aiderai peu. Peut-être même aucun.

Ces séances, sous la conduite subtile et appropriée d'Iris, ont généré plus de résultats qu'au cours de ces dix dernières années. J'y ai trouvé des réponses qui me sont propres et qui reflètent qui je suis. Je mesure l'incroyable efficacité d'un coaching bien mené. Comment pourrais-je garder ces bienfaits pour moi seul ? Ce serait comme si je découvrais une source d'eau en plein milieu du Sahara et que je n'en indiquais pas la position à mes pairs assoiffés.

J'ai perdu tant de collègues par suicide. Par deux fois, j'ai attenté à mes jours. Les choses ne peuvent pas rester en l'état. Notre société est de plus en plus violente, notre mission de plus en plus risquée. Parfois vaine. L'impunité des mineurs est une bombe à retardement. Les jeunes n'hésitent plus à courser des policiers en bande, à les brutaliser, à leur tirer dessus au mortier d'artifice. Quant aux policiers, ils sont souvent pétrifiés à l'idée de réagir, inhibés, incapables de faire usage de leurs armes. Leur peur des conséquences pénales en cas de blessure, voire de décès, les paralyse. Même en situation de légitime défense, ils sont passés à la moulinette. Mais comment faire ? Par où commencer ?

Je décide alors d'étudier de près la situation actuelle de la police nationale en matière d'accompagnement psychologique. Depuis 1996, le ministère de l'Intérieur, à travers le SSPO, emploie 122 psychologues pour 150 000 policiers. Quant aux structures spécialisées dans la prise en charge des personnels en grande détresse, il n'en existe qu'une : le Courbat. Ouvert en 1952 par des policiers pour des policiers et alors sous l'égide de l'Anas, cet établissement ne compte que quatre-vingts lits et accueille gendarmes, pompiers, personnels pénitentiaires ainsi que des personnes issues du civil.

Mais aucun policier n'est jamais appelé à suivre une formation pour être apte à écouter ses pairs. Pas de mélange des genres : un flic n'est pas un psy. Combien d'entre eux souffrent en silence, ou édulcorent leur discours, de peur d'être désarmés à l'issue d'un simple entretien ? Une réalité qui pose la délicate question de la confidentialité.

Face à la pauvreté et aux limites de l'accompagnement offert par l'institution, l'idée me vient de commencer mon initiation grâce au compte personnel de formation. Je parle de ce projet à mon nouveau commissaire qui est emballé par l'aspect relatif à la prévention du suicide, bien sûr, mais aussi par la perspective d'amélioration de la performance. Lorsqu'on va bien, on bosse mieux…

Je rassemble donc les documents nécessaires, confiant, puisque j'ai l'appui de ma hiérarchie. Mais, surprise, mon dossier me revient, trois jours après la date limite de dépôt, sans accusé d'envoi ou de réception. Je me renseigne auprès de la secrétaire du directeur.

— Ah, on ne savait pas que c'était à nous de l'envoyer. On croyait que c'était à toi de le faire. Ah ben tant pis…

La commission de formation de la police, qui valide ou invalide les demandes, ne se réunit que deux fois par an, au printemps et à l'automne.

Je suis stupéfait et tente de garder mon calme.

— Pouvez-vous imaginer que, derrière ce dossier, il y a un être humain, en l'occurrence moi, qui a bossé des heures pour le bâtir ? Alors, non, pas « tant pis » ! Votre négligence me fait perdre six mois. Je vais préparer un nouveau dossier pour la prochaine campagne et, cette fois, pas question de se louper. C'est clair, là ?

Tenace, six mois plus tard, je reconstitue mon dossier et parcours moi-même l'ensemble des bureaux pour récolter les signatures nécessaires. Hiérarchie oblige, elles sont nombreuses. Major, capitaine, commandant du commandant, chef du centre de formation, état-major du directeur et directeur (j'en oublie certainement).

Je les harcèle pour récupérer appréciations et signatures en un temps record. Certains m'ont sur le dos chaque jour ! C'est à ce moment que je comprends pourquoi mon précédent dossier est resté bloqué. Le directeur ne s'intéresse pas vraiment au projet d'un simple gardien de la paix et ne prend pas la peine de me recevoir. Devant mon insistance, il finit par « lâcher » une signature, alors que son avis était défavorable la première fois. Allez comprendre…

Pour autant, en moins de deux semaines, mon dossier est complet et je peux l'envoyer directement. Je suis surpris d'apprendre qu'il passe avec brio les deux commissions régionales, puis part à Paris pour une dernière approbation. Hélas ! trois jours avant les délibérations, je reçois une réponse lapidaire m'informant que les fonds ne seront pas débloqués pour ma formation.

Pour comprendre comment une commission peut rendre sa décision avant de se réunir, j'appelle le bureau parisien.

— Oui, monsieur Girard, nous avons vu votre dossier ; mais ça ne sert à rien de l'envoyer en commission.

— Comment ça, ça ne sert à rien ?

— Parce qu'il ne passera pas, argue le fonctionnaire.

— En fait, vous êtes une commission à vous tout seul !

— Oh, un peu, répond l'homme, le plus sérieusement du monde.

Qui est intervenu pour bloquer ma demande ? Mon premier dossier a-t-il été vraiment oublié ? Était-ce une parade ? Mais pourquoi ? J'ai une conviction, mais aucune certitude. Est-il recevable et légitime pour tout le monde d'avoir de bonnes idées à mon niveau de poste ?

La vie reprend, jusqu'au jour où le destin m'envoie, par un canal assez inattendu, le signe que je suis sur la bonne voie. Je découvre, en surfant sur les réseaux, un groupe Facebook qui permet aux collègues de s'écouter les uns les autres.

Je prends contact avec Yohan, le policier qui en est à l'origine. Il exerce à Saint-Germain-en-Laye et nous avons le même âge. Je lui explique vouloir rejoindre son groupe, pour aider les collègues qui ont besoin de soutien. Il est ravi de m'accueillir. Pour moi, une nouvelle aventure commence.

Au début, je prends le temps de l'observation, comme pour une planque. Qui fait quoi dans le groupe, comment et pourquoi ça fonctionne, etc. Les mois passent, les actions se multiplient, les contacts avec les collègues en détresse aussi. On sauve la vie de pas mal de personnes à bout. Mais notre pouvoir est limité. Nous ne sommes qu'un groupe Facebook piloté par des policiers. Il faut aller plus loin. Nous échangeons énormément :

— Montons une association.

— Oui, faisons ça !

— Je me renseigne sur les modalités, OK.

— Oui, top !

— Mais quel type d'assoc' ?

— Qui rédige les statuts ?
— Les gars, il nous faut un avocat pour ça.
— Et il faudrait contacter des psy.
De palabres en palabres, rien n'avance.

Côté boulot, si rien d'autre ne change, moi, je change. Avec le coaching et ma prise de conscience, la carapace qui me protégeait a volé en éclats. Même si j'en ai construit une nouvelle, elle est sélective, moins hermétique. La première était parfaitement étanche, rien ne m'atteignait, ni le négatif, ni le positif. Rien ne sortait de moi, aucune émotion, j'étais incapable de dire à ma femme, à mes enfants, que je les aimais. Ma nouvelle « protection » me permet de recevoir, de donner et de transmettre du positif.

Et c'est tant mieux, car cette fin d'année 2018 s'annonce corsée. Le mouvement des Gilets jaunes, pacifique à ses débuts, va nous mettre à rude épreuve.

Nous sommes le 1er décembre. Il est midi et nous nous équipons. Par habitude, à la Bac, on se prépare toujours au pire, donc nous embarquons tout le matériel. Aujourd'hui, c'est vraiment par précaution car les deux premiers défilés des Gilets jaunes se sont déroulés normalement, sans réel débordement. Les manifestants scandent : « Macron, démission ! La police, avec nous ! », l'ambiance est bon enfant, et j'avoue que, comme de nombreux collègues, je me sens solidaire de leurs revendications. Nous aussi subissons les effets de la hausse du prix de l'essence. Il n'y a aucune raison qu'aujourd'hui soit différent.

L'itinéraire est prévu et le rassemblement de quelques dizaines de Gilets jaunes se fait petit à petit et dans le calme, avant de s'amplifier dans les dernières minutes. Il y a davantage de monde que les deux premières semaines. Nous sommes en place pour les encadrer. Soudain, un puissant mouvement de foule s'opère. Le cortège part à l'opposé de l'itinéraire prévu, en direction de la préfecture. Ordre nous est donné d'empêcher l'accès vers le bâtiment. Des collègues de la section d'intervention, en petit nombre, font barrage. Nous les rejoignons, sans casques ni matériel. En observant la foule, nous comprenons que l'atmosphère est différente des semaines précédentes. L'hostilité est palpable. Il faut réagir.

Action !

Nous fonçons aux voitures pour nous équiper de nos casques, nos grenades lacrymogènes et nos lanceurs de balles de défense. Puis nous retournons directement au contact. Les premiers projectiles tombent sur nous. Des piles, des boulons, des pierres. Il n'est pas 14 heures et la violence est déjà forte. Ça promet. Rapidement, les sommations sont lancées et nous répliquons pour repousser la foule.

Tant bien que mal, le cortège de manifestants se remet en mouvement pour effectuer à toute vitesse la boucle prévue initialement. Nous comprenons que tout se jouera à nouveau devant la préfecture. Nous y rejoignons une dizaine de collègues réservistes[1], peu formés et pas rompus à cet exercice si particulier. Ils sont soulagés de nous voir car la marée humaine se présente déjà devant nous. Une masse compacte de plusieurs

1. La réserve permet de mobiliser des citoyens français, issus de la société civile, avec ou sans expérience militaire, qui apportent un renfort temporaire aux forces de sécurité intérieure, police nationale ou gendarmerie nationale. Ces citoyens signent un engagement à servir dans la réserve entre un et cinq ans et reçoivent une formation et un entraînement spécifiques. Source : https://mobile.interieur.gouv.fr/Archives/Archives-des-actualites/2016-Actualites/Integrer-la-reserve-operationnelle.

centaines de personnes. Elle se rapproche et semble de plus en plus hostile à l'égard de ces flics qui l'empêchent d'accéder à la préfecture.

La foule est à quelques mètres. Nous sommes huit *bacmen* et dix policiers de tous bords non préparés. Même l'officier en charge du commandement semble dépassé par les événements. Les projectiles pleuvent. Si nous attendons le contact, ce sera trop tard, nous serons lapidés. Par expérience, nous savons que l'être humain, par l'effet de meute, est capable de l'impensable. Notre sécurité est clairement en jeu. Dans quelques secondes, la foule enragée sera sur nous et il sera trop tard.

Nous prenons alors les choses en main. Nouvelles sommations. Dans ces moments, il ne faut surtout pas rester passif au risque d'être submergé. Cette fois, nous déployons nos grenades. À dix mètres, à cinquante mètres et à cent mètres. Mais les « manifestants » sont équipés pour faire face au gaz, rares sont ceux qui reculent, et ceux-là reviennent rapidement. Par chance, nous sommes toujours préparés au pire. Les deux lanceurs de balles de défense présents ce jour-là sont de la Bac. Nous maintenons la foule à distance grâce à ces deux seuls LBD, ces armes si décriées par la suite, qui nous permettent de nous en sortir.

La section d'intervention nous retrouve à l'avant de la préfecture, tandis que les gendarmes mobiles sont déployés à l'arrière. Nous devons alors tenir nos positions. Parce que ce sont les ordres, bien sûr, mais pas seulement... Rapidement, nous oublions les ordres et nous tenons juste pour ne pas être lynchés, pour préserver notre intégrité physique, pour sauver notre peau.

Les hostilités, qui ont débuté peu avant 14 heures, durent jusqu'à 23 heures. Une véritable scène de guérilla urbaine en centre-ville, un samedi en plein après-midi.

Une voiture est renversée sur le toit et glissée dans un feu au beau milieu de la rue de la préfecture. Des centaines de personnes nous affrontent en hurlant et nous insultent. Le sol est jonché de projectiles en tout genre. Nous avons du mal à courir au bout d'un moment, de peur d'y laisser une cheville. À 18 heures, nous sommes rejoints par le préfet et un vice-procureur qui viennent voir (de loin) cette violence s'abattre sur nous. L'état insurrectionnel est déclaré. Hallucinant !

Neuf heures durant, nous tenons bon. Notre armurier accomplit un travail formidable pour assurer notre ravitaillement en munitions et en eau. La soute à munitions – une grande pièce servant de réserve où sont stockées grenades lacrymogènes, grenades de désencerclement, cartouches LBD, etc. – du commissariat, puis celle de la gendarmerie, sont vidées et nous attaquons la réserve de la ville la plus proche. Du jamais-vu.

Si nous avions failli ce jour-là, personne, absolument personne, ne peut dire ce qu'il serait advenu de nous face à ce déferlement de violence et de haine. Alors, oui, rapidement, notre protection personnelle a pris le pas sur les ordres de tenir la préfecture. Abandonner ? Partir ? Laisser le bâtiment aux mains de cette foule hors de contrôle ? Et puis après, quoi ? On livre la ville ? On laisse piller les magasins et agresser tout le monde ? La police est là pour fixer des limites et rétablir l'ordre au besoin. En défendant la préfecture qui est devenue un symbole plutôt qu'autre chose, nous avons défendu toute la ville et tous les citadins.

Les semaines suivantes, chaque samedi, nous sommes confrontés aux mêmes émeutes. Nous sommes plus préparés, plus équipés, plus nombreux, mais la violence est là, même si nous la subissons moins.

Pourtant, dans cet enfer urbain, grâce à ma nouvelle approche de la vie qui m'a ouvert aux émotions et libéré de ma carapace blindée, je reste serein, confiant, bien dans ma peau.

S'il m'arrive d'avoir peur, parfois même très peur, j'appréhende cette émotion autrement car j'ai compris qu'elle était utile. Son rôle est de m'alerter du danger. S'ensuit une réaction physique – décharge de cortisol et d'adrénaline – pour me préparer à y faire face. Je peux alors choisir entre les deux seules options disponibles : fuir ou combattre. Si j'opte pour la seconde, cela signifie que j'affronte la menace malgré ma peur.

N'est-ce pas la définition du courage ? Seuls les inconscients n'ont jamais peur. Il n'y a aucun courage dans l'aveuglement. Être inconscient, c'est s'exposer inutilement au danger. Depuis que je l'ai compris, j'accueille ma peur avec bienveillance, comme une alliée, une alarme interne qui me met en garde. Cela me permet d'avoir pleinement conscience de mes actes.

Désormais, et même sans ma « carapace anti-émotions », je sais faire face à des événements extraordinaires, des événements traumatogènes. Je peux même les approcher de manière plus fine car je reste maître de ma capacité d'analyse et je suis donc plus prompt à réagir ou à anticiper.

14

Un samedi ensoleillé d'août 2019, nous partons en vacances dans notre petit coin de paradis, posé dans les Landes, au milieu d'une forêt de pins. Depuis dix ans, nous y louons un gîte à une famille d'agriculteurs, des gens formidables, des amis, loin du tumulte. Je vais pouvoir me ressourcer.

Le dimanche matin, Isabelle et moi allons nous balader avec Naska, notre jeune chienne malinoise, du côté des champs de maïs. Je suis détendu. Ma main dans celle de ma femme, je ne songe à rien d'autre qu'à ce moment de bonheur simple.

Soudain, Naska aperçoit un chevreuil et s'élance à fond de train à sa suite. Le chevreuil bondit, Naska ne lâche rien. À pleine vitesse, l'animal franchit un fossé. Naska, toujours à ses trousses, percute de plein fouet le bord opposé de l'obstacle. Son hurlement est terrible. Isabelle et moi courons pour la rejoindre. Elle gît dans la boue et les ronces. Incapable de se relever, elle geint continuellement. Je saute dans le fossé, tente de la soulever. Sa douleur est si intense qu'elle essaie de me mordre avant de comprendre que je veux l'aider. Mais nous sommes au milieu de nulle part, impossible de la porter sur plusieurs kilomètres. Alors, je fonce récupérer ma voiture au gîte et reviens à travers le champ de maïs avec mon Audi A6. Avec précaution, j'installe ma chienne à l'arrière. Ma femme grimpe à ses côtés et la maintient tandis que je roule longuement avant de trouver un vétérinaire de garde à Bordeaux. Son diagnostic est sans appel : Naska a la colonne vertébrale brisée.

Je la serre fort et lui murmure des mots d'amour tandis que le vétérinaire l'endort à jamais.

Les enfants sont en larmes. Nos vacances sont foutues. Rien ne parvient à nous détourner de la perte dramatique de notre chienne. Pour ne pas penser, je cours. Me concentrer sur mes pulsations cardiaques, ma respiration. Foulée après foulée. Mais ça ne suffit pas. Je dois trouver une mission qui redonne un sens à l'absurdité de l'existence.

Cette fois, je décide de m'impliquer pleinement dans la création de l'association, cent fois évoquée et discutée avec les créateurs du groupe d'écoute sur Facebook. J'appelle Yohan et, dès notre retour des Landes, nous nous retrouvons chez moi avec les trois autres administrateurs du groupe.

Je leur expose mon point de vue :

— Il est temps de monter cette association. Il y a trop de collègues qui souffrent. Pour être plus efficace, il faut qu'on se forme à l'écoute des policiers. Pour ça, il nous faut une structure légitime… Une formation de psy et un coaching seraient super utiles.

Fadila Khattabi, députée de Côte-d'Or, participe également à cette première réunion. Je l'ai précédemment sollicitée pour m'aider à débloquer la situation et obtenir ma formation de coach. Sa présence, son enthousiasme nous rassurent. Si elle partage nos craintes, elle nous encourage, nous conseille sur la marche à suivre et nous confirme que nous pouvons créer cette association sans risque pour nos emplois.

Les échanges sont véhéments, passionnés. Nos doutes et nos envies se rejoignent. Nous rédigeons les statuts et déterminons les rôles de chacun. Yohan est nommé président, moi, vice-président, Vanessa, trésorière, Laure, trésorière adjointe, Gaëlle, secrétaire.

Quelques jours plus tard, je dépose les statuts à la préfecture. Le 28 septembre 2019, la publication au *Journal officiel* de la création de Pep's/SOS Policiers en détresse marque la naissance de notre association.

Pour autant, tout reste à construire auprès de notre administration. Pour nous faire connaître et expliquer notre utilité, nous adressons de multiples e-mails et lettres à la DRCPN[1]. À force de ténacité, nous obtenons une réponse et un premier rendez-vous au ministère de l'Intérieur. Ça y est, la machine est en route !

En parallèle, nous actionnons tous les leviers possibles pour médiatiser notre action et alerter l'opinion publique sur ce fléau. Début 2020, la journaliste Anne Nivat nous propose de participer à un reportage pour RMC Story sur le mal-être des policiers et, par son intermédiaire, nous sommes reçus en direct sur une chaîne nationale dans l'émission de Jean-Jacques Bourdin, quatre mois après la création de Pep's/SOS Policiers en détresse. Nous y rappelons que, durant ces vingt-cinq dernières années, plus de 1 100 fonctionnaires de police se sont suicidés, soit 45 policiers par an en moyenne : un taux supérieur de près de 41 % à celui de la population française. Et tout cela dans une indifférence quasi générale. Tout s'accélère après cette prise de parole. Dès les heures qui suivent notre interview, les dons affluent. Nous sommes tout à la fois hallucinés et rassurés de constater à quel point les citoyens aiment leur police.

1. DRCPN : Direction des ressources et des compétences de la police nationale ; elle dépend de la DGPN (Direction générale de la police nationale) et assure la gestion des ressources humaines.

Les premiers dons nous permettent de suivre des formations en psychologie. Il n'est pas question de devenir psychologues, bien sûr, mais de comprendre ce qu'est une crise suicidaire et d'apprendre à écouter l'autre efficacement pour l'aider au mieux.

Je commence aussi un stage dans un centre de formation au coaching. Comme notre trésorerie reste insuffisante, je me débrouille pour en financer l'intégralité en faisant appel à un ami.

Grâce à Iris et à ma propre expérience, je sais la puissance de cette technique pour sortir mes pairs d'une phase de dépression et de mal-être.

À l'école de coaching de Dijon, les sept autres élèves sont issus de tous les univers. DRH, chefs d'entreprise, salariés en reconversion professionnelle, etc. Le formateur est excellent, je m'investis à fond. J'en apprends énormément sur moi, sur les autres, sur le fonctionnement de l'être humain en général. Le non-dit, le langage corporel, les jeux psychologiques, l'emprise, etc. Cet éveil, cette prise de conscience, m'apporte une vision en trois dimensions d'une personne. Je vois les choses différemment, je mesure la diversité des interactions qui entrent en jeu. Je vois mieux, j'interprète mieux, je comprends mieux, je vis mieux.

Lors d'une séance, je suis amené à dresser mon profil psychologique selon le modèle « Process Communication », mis au point par le psychologue américain Taibi Kahler. Le formateur observe lui aussi un « pic », qui m'en rappelle un autre ! Mais à l'inverse de la femme au pull jaune poussin de la BRI, plutôt que de dire son incapacité à l'interpréter, il m'explique que, selon le modèle « Process Communication », six personnalités sont présentes en chacun de nous : empathique, analyseur, énergiseur, imagineur, persévérant et promoteur. L'empathique, le persévérant et le promoteur se traduisent de la même façon, mais l'énergiseur est réputé rebelle, l'imagineur est un rêveur, tandis que l'analyseur est dit « travaillomane ». En règle générale, la personnalité que l'on intègre le plus souvent et naturellement est notre base. Notre langage et notre façon de percevoir le monde y sont liés. Puis, selon notre cheminement personnel, nous pouvons entrer dans une nouvelle phase plus ou moins longuement, mais qui ne modifie en rien notre personnalité de base.

— Toi, Christophe, tu atteins un score de quasi 100 % à cinq types de personnalités et ton score est très faible sur un seul type. Ton profil est atypique.

Ce que je retiens de ce profilage, c'est que je peux choisir, en conscience, la part de ma personnalité que je veux mettre en avant en fonction de la situation. Une force énorme, même si mon score « imagineur » est proche de zéro. Besoin de vendre l'association face à la presse ? Je mets mon costume de « promoteur ». Besoin de faire des choses importantes et fastidieuses ? Je mets mon costume d'« énergiseur ». Besoin d'être à l'écoute et compréhensif ? Je mets mon costume d'« empathique ».

En outre, je me comprends mieux car le formateur en conclut que j'ai une base rebelle. J'apprends à nourrir mes besoins, mais aussi à accepter et appréhender mes réactions sous stress. Un stress que je n'ai pas l'habitude de gérer, un stress de réunion plutôt que d'intervention. J'apprends à décortiquer la colère qui se trouve en moi et me fait encore peur. J'apprends que je peux la dompter, m'en faire une alliée.

Cette formation m'enrichit et, par ricochet, sert à l'association. Je peux désormais intervenir gratuitement auprès des collègues qui adhèreront à Pep's. Pour

10 euros d'abonnement annuel, ils pourront bénéficier de coaching à volonté.

Ces nouveaux outils, je m'en sers aussi pour mieux construire Pep's et promouvoir notre action. Nous « construisons » véritablement, car notre initiative est novatrice. Nous sommes partis d'une feuille blanche et nous prenons des informations sur des méthodes de prévention partout où nous le pouvons, là où elles ont fait leurs preuves. Comme au Canada et en Israël.

À Montréal, un programme a été mis en place en 1997 et a entraîné une baisse de 79 % du taux de suicides au sein de la police de Montréal entre sa création et 2009. Un chiffre qui demeure sensiblement le même aujourd'hui et qui montre que la formule fonctionne sur le long terme. Le PAPP[1] – l'équivalent efficace du SSPO – est complexe. Mis en place depuis près de trente ans, ce dispositif est considéré comme un modèle du genre. Il a permis de « changer les mentalités » au sein de la police montréalaise en « démystifiant » le recours à l'aide psychologique. Une méthode dont l'une des phases clés est de savoir repérer les policiers en détresse ou dans une passe difficile pour tendre autour d'eux un filet de sécurité. Ce programme d'aide sauve des vies. Les agents le connaissent, l'apprécient et le réclament après chaque intervention difficile. Un de ses points forts est d'offrir des services en accès illimité. Quand un policier appelle, il n'y a pas de liste d'attente, on lui donne un rendez-vous dans les jours qui suivent (ou sur-le-champ en cas d'urgence). Autre atout du PAPP, il est proactif. On n'attend pas d'être contacté pour se rendre dans les unités. Des consultations sont proposées

1. PAPP : Programme d'aide aux policiers et policières de Montréal.

rapidement aux agents, notamment aux plus exposés. Il est essentiel que la hiérarchie fasse de la santé de ses équipes une priorité et que du temps et des moyens y soient consacrés.

Le sujet principal du programme, la libération de la parole, passe par le témoignage de pairs qui est un outil d'une puissance phénoménale. Voir un confrère exprimer sa souffrance, sans pour autant devoir renoncer à sa carrière, est porteur d'espoir. Les policiers se sentent alors libres d'exposer leurs fêlures. Dès qu'il est question de suicide, on n'écoute pas, on blague, même, pour ne pas entendre. L'esprit est comme une maison barricadée de l'intérieur, m'a expliqué un collègue canadien. Quand arrive un policier en mission de prévention, les portes et les volets sont verrouillés. Mais lorsqu'il confie son histoire, ose dire ses faiblesses, par un phénomène d'identification, le message s'infiltre par tous les interstices de la maison, jusqu'à atteindre la chambre à coucher.

En Israël, depuis une quinzaine d'années, les méthodes du protocole « 6C[1] » sont mises en œuvre, à la fois pour les policiers, les militaires et les civils. Un protocole initialement mis au point pour « déchoquer » les soldats et leur permettre de poursuivre le combat. En France, on nous apprend les premiers gestes de secours, sans nécessité d'être médecin. Mais on ne peut pas être

1. La méthode « 6C » tire son nom de six manières de « déchoquer » une personne qui vient de subir un traumatisme. Ces six manières sont : *Commitment* (engagement), *Cognition*, *Challenge* (épreuve), *Control*, *Continuity* et *Communication*. La personne formée au protocole va essayer de réactiver le cerveau de la victime pour empêcher autant que possible au traumatisme de s'installer durablement. Pour cela, il est nécessaire de poser des questions très simples, ouvertes, qui vont mobiliser la partie du cortex préfrontal.

formé à aider l'autre si l'on n'est pas psychologue. En Israël, on initie aux « mots de premiers secours » et aux neurosciences de base pour déchoquer une personne en état de stress aigu. Cette méthode permet, en l'espace d'une minute, de faire « redescendre » une personne. Dans ce pays, le nombre de personnes déclenchant un syndrome de stress post-traumatique a ainsi été divisé par deux.

Davantage qu'un protocole de premiers secours psychologiques d'urgence, le « 6C » apporte des explications neuroscientifiques sur ce qui se passe dans nos cerveaux en phase de stress aigu. En résumé, plus notre stress est intense, plus nos capacités à raisonner sont minces ; et, en état de détresse émotionnelle, elles sont nulles. L'objectif de la formation est d'apprendre à « déchoquer » une personne. Cela passe par des questions très simples qui n'ont rien à voir avec la situation. Le résultat est bluffant.

Face au stress, il n'y a donc pas les faibles et les forts, mais juste une petite amygdale qui décide de notre réaction. Et cela dépend du degré d'accoutumance, de l'état de fatigue et surtout de l'effet de surprise face aux événements. Plus la surprise est grande, plus la possibilité d'atteindre un état de stress dépassé est forte. Et c'est en situation de stress aigu que se développe le souvenir traumatique. Cet état, s'il dépasse un mois, devient alors un syndrome de stress post-traumatique. Le souvenir, lui, n'est pas « stocké » au bon endroit dans le cerveau et peut resurgir n'importe quand, n'importe où, à cause d'un bruit, d'une odeur, etc. Le protocole « 6C » a ainsi un bénéfice secondaire important, car il réduit presque de moitié le risque de développer un syndrome de stress post-traumatique.

Désormais, je suis coach et, si je quitte demain la police, je n'aurai plus le sentiment de fuir le navire. Je suis fidèle à mes valeurs. Cette formation, et ce que j'y apprends, changent ma vie. Nous avons construit une solution alternative pour les policiers qui vont mal. Et ils sont nombreux. Au fur et à mesure que nous les rencontrons, qu'ils nous confient leurs problèmes, nous les aidons à les résoudre ; et nous accroissons nos connaissances. Nous devons vite recruter de nouveaux bénévoles tant la demande est grande. Des psychologues et des médecins nous rejoignent. La ligne téléphonique Pep's doit être accessible, de jour comme de nuit. Les mois s'enchaînent et nos semaines sont surchargées, car nous épaulons nos pairs en plus de notre travail. Nous sommes maintenant vingt-six policiers formés à la gestion de la crise suicidaire, à celle du stress et à l'intervention après passage à l'acte. Nous répondons à plus de 500 sollicitations par mois, quand le numéro vert du ministère plafonne à 63 appels mensuels en moyenne, dont 90 % d'appels uniques. Et 6 000 policiers ont rejoint notre groupe Facebook.

En juin 2020, alors accaparé par ma mission au sein de Pep's, j'obtiens enfin ce à quoi j'aspire depuis neuf ans. Je n'y croyais plus, mais on me propose de rejoindre la brigade des Stups.

Peu avant la date des tests d'habilitation de la Bac, je m'abîme la cheville. Le chef de la Bac vient me voir et m'avertit :

— Je ne veux pas que tu te présentes aux prochains tests de contrôle.

— Mais si, ma cheville, ça le fera !

— Écoute-moi bien, Tof. Si tu te présentes, je te refuserai.

— Mais qu'est-ce que tu me fais, Marco ?

— Je monte à la Sûreté départementale et j'ai négocié que tu viennes avec moi.

— Tu es sûr de ton coup ? Parce que si je ne monte pas avec toi et que je ne me présente pas aux tests, je n'ai plus rien.

— Oui, c'est sûr. Je te refuserai et tu monteras aux Stups.

Quelqu'un me fait confiance. Enfin.

En parallèle de mon nouveau métier aux Stups, l'association tourne à plein régime. Tout va bien avec Isabelle et mes enfants grandissent. Pourtant, je ne ressens ni sentiment de bonheur, ni plénitude. Je ne suis et ne serai certainement jamais guéri. À moins que ma nature soit ainsi ? Alors, je m'implique à fond, et dans toutes les directions. Qui dit enquêteur aux Stups dit horaires à rallonge. Qui dit création d'une association nationale dit la même chose !

En août 2021, je décide de suivre une courte formation de premiers secours en urgence psychologique à Langres : le fameux protocole « 6C ». Au matin du premier jour, si j'arrive un peu sceptique, la formatrice, une psychologue, me met vite en confiance. Je lui décris avec aisance mes symptômes, parce que j'ai pu les analyser, les décortiquer et les classer, grâce à mes années de recherches et de travail sur moi. Sa confiance est un déclencheur : je comprends que je peux m'en remettre à quelqu'un d'autre qu'à moi-même.

Cette expérience m'apprend comment fonctionne notre cerveau, comment il stocke les souvenirs « normaux » et les souvenirs traumatiques, ceux qui nous pourrissent l'existence et surgissent quand on s'y attend le moins.

Dans la foulée, je rencontre une psychologue de ma ville. Je préfère des contacts face à face plutôt que des échanges virtuels. Pour épauler efficacement mes collègues à Pep's, je dois m'imposer cette supervision régulière extérieure. J'ai découvert en coaching comme il était vital de s'aider soi-même pour mieux accompagner les autres. Dans le cadre de cette supervision, je suis en lien régulier avec des psychologues bénévoles au sein de l'association. J'ai pu apprécier leur professionnalisme et surtout, *in fine*, j'ai posé des mots précis sur mes maux. Comprendre ce qui pousse à se comporter d'une certaine manière en fonction d'une situation précise permet d'anticiper et d'agir au lieu de réagir, voire de surréagir.

J'apprends aussi beaucoup au contact des collègues que j'accompagne. Chaque femme, chaque homme est unique. Ils vivent des instants hors norme, où tout peut basculer en une seconde, et doivent passer quotidiennement de la vie ordinaire à la vie extraordinaire et inversement. Je côtoie tant de souffrance, tant de situations extrêmes : une collègue qui voulait sauter d'un pont, une autre qui roulait à fond et voulait se jeter sous un camion, un autre en pleurs, son arme à la main. Comme moi, il y a cinq ans.

Alors, je me protège, je prends bien garde au risque de transfert. Et je tire les ficelles que mes collègues me tendent lors de leur prise en charge. Pour la plupart d'entre eux, ces ficelles conduisent toutes au même diagnostic : syndrome de stress post-traumatique, soit par identification, soit par accumulation. Tout ce que nous vivons nous marque au fer rouge. Et quand le mental lâche, la douleur explose.

Nous sommes une écrasante majorité de policiers à souffrir de troubles du stress post-traumatique. Je ne suis pas un cas isolé. En fait, je suis « normal ». La réaction de mon corps a été une réaction de défense qui m'a permis de survivre. En identifiant les éléments qui nous conduisent au mal-être et au suicide, nous pouvons désormais agir efficacement. Aujourd'hui, je suis armé pour faire face aux émotions qui mènent au pire. Et la peur en fait largement partie.

Lorsque je l'explique à des collègues, tous disent avoir déjà connu la peur, mais aucun n'a renoncé à sa mission. Tous l'ont affrontée, tous lui ont sûrement abandonné leur insouciance. Sans ce préambule, peu de policiers admettent l'avoir un jour éprouvée. Ce simple aveu change tout. Oser exprimer ses émotions, oser les nommer est une vraie révolution au sein de l'institution policière. Si je parle ouvertement et sans tabou de mes peurs, de mon mal-être passé, c'est que je sais n'avoir plus rien à prouver et que mon histoire parle pour moi. Alors, je ne me prive pas.

J'ai mené des recherches tous azimuts pour mieux me comprendre et comprendre le syndrome de stress post-traumatique. J'ai lu Bessel van der Kolk[1] et des centaines d'articles concernant le SSPT, j'ai même étudié les neurosciences pour comprendre ce qui se passe dans notre cerveau pendant la phase de stress aiguë et après, une fois le SSPT installé. Et comment s'en sortir également.

Pourtant, je ressens toujours une colère en moi, une rage impossible à apprivoiser. Parfois elle remonte, me prend de court, me met en défaut.

---

1. Bessel van der Kolk : psychiatre américain d'origine néerlandaise, spécialiste du syndrome de stress post-traumatique (SSPT), professeur de psychiatrie à la Boston University, a fondé le Trauma Center de Boston.

Un jour, l'appel d'une autre coach, Salma, m'apporte une aide précieuse. Elle travaille avec la méthode Cleen[1] qui allie la technique du coaching aux neurosciences afin de réguler les émotions souhaitées. La jeune femme propose de se mettre au service des adhérents de Pep's. J'hésite un temps. J'ai une réelle responsabilité vis-à-vis des collègues. Je ne connais ni cette personne, ni sa méthode. Pour lever mes réticences, elle me propose de faire moi-même l'essai sur une émotion qui me poserait un problème. Pas besoin de chercher loin. J'ai en moi cette foutue colère qui me fait toujours aussi peur.

Une semaine plus tard, après deux rendez-vous téléphoniques d'une heure, je gère ma colère. Un changement spectaculaire. Elle n'a pas disparu, mais je la maîtrise. Avant ces séances, mes accès de rage étaient castrateurs, car ils me coupaient de nombre de mes facultés. Les arguments ne venaient plus, je perdais les dates et les souvenirs utiles. Il m'arrivait aussi de bégayer, de dire des atrocités. J'ai appris que la colère, comme chaque émotion, a une fonction utile. Elle est là pour permettre de dire stop et demander un changement. Désormais, quand je m'emporte, j'identifie le changement souhaité et je le formule. Ainsi, ma fureur est moins forte et je reste en pleine possession de mes moyens. Et j'adore cet état de contrôle.

Désormais, lors de mes réunions à la DRCPN, quand certains hauts fonctionnaires cherchent à me faire sortir de mes gonds, cela décuple mes capacités. Ensemble, nous cherchons des pistes pour collaborer et signons

1. Cleen : le coaching de libération des empreintes émotionnelles négatives est une approche révolutionnaire qui permet de se débarrasser de façon instantanée de la plupart des réactions émotionnelles négatives et de la plupart des blocages à la réussite qui sont source de difficultés dans la vie.

un protocole qui nous assure une subvention annuelle de 20 000 euros.

Au cours de l'année 2021, Pep's reçoit plus de six mille sollicitations de policiers en détresse. Nous sommes une vingtaine d'intervenants à les traiter, parfois moins. Sans compter les actions de communication, indispensables à notre pérennité (interviews dans divers médias, réunions au ministère de l'Intérieur…) et les nouveaux appels. Nous sommes également contactés pour faire de la prévention du suicide directement au sein des commissariats.

15

L'année 2022 est marquée par une vague de suicides de policiers sans précédent, dont douze sur le seul mois de janvier. Cette fois, les médias s'emparent des chiffres et médiatisent ces drames de la vie ordinaire des flics.

Fin janvier, Frédéric Veaux, directeur de la DGPN, me convie à une visioconférence pour évoquer la problématique du suicide. Lorsque je me connecte, je constate que presque toutes les grandes directions centrales de la police (SSPO, IGPN, syndicats policiers) sont connectées. La réunion démarre par un état des lieux de la situation, assuré par un responsable de l'IGPN. Pourcentages, camemberts, graphiques à la pelle… et pas une once de considération humaine. Derrière mon écran, je monte en pression. Et lorsque Frédéric Veaux me donne la parole à l'issue de la présentation, j'oublie mes résolutions de retenue. Fidèle à moi-même, je me lance sans aucune diplomatie et laisse parler mes tripes :

— Quand je vois la manière dont vous traitez un problème de détresse et de suicide, je comprends mieux pourquoi on en est là. Vous parlez pourcentages, chiffres, mais derrière ces données il y a des femmes et des hommes. Derrière chaque drame, il y a des collègues qui souffrent, qui meurent, des familles en deuil. Quant au SSPO, si les résultats d'une brigade anticriminalité ou de tout autre service de police étaient aussi mauvais, on en virerait tous les responsables sans attendre vingt-cinq ans !

Ma sortie génère un grand silence.

Le lundi suivant, Frédéric Veaux me convoque à son bureau. Je n'en mène pas large, convaincu que je vais me faire remonter les bretelles. Mais au lieu de ça, il me demande ce que je suggère pour améliorer les choses. Ma réponse est brève :

— En mai, je vais à Montréal pour étudier des méthodes très efficaces. Je vous réponds à mon retour.

M. Veaux me confie, la voix émue, avoir rencontré l'un des jeunes policiers qui vient de se suicider et je comprends que l'homme est lui-même très concerné par la détresse de nos pairs.

Un journaliste de France 2 nous apprend que le cabinet de la DGPN renvoie directement les journalistes vers nous. La pression est forte. Un matin, Alexandre Brugère, le directeur de cabinet du ministre de l'Intérieur, Gérald Darmanin, nous contacte :

— Le ministre souhaite vous rencontrer le 4 février à 15 heures.

Je lui réponds sans hésiter que c'est impossible car nous serons justement à Calais auprès de nos collègues pour parler de prévention. Nous avons prévu de longue date ce déplacement au commissariat de Calais, et il n'est pas question pour nous de manquer ce rendez-vous. Finalement, nous trouvons un compromis. Nous partirons à Calais la veille et décalons le rendez-vous au ministère en fin de journée.

Cette intervention au commissariat de Calais, je ne voulais pas qu'elle ait lieu dans une vaste salle de réunion autour d'un PowerPoint efficace, comme c'est souvent d'usage en France. J'ai dû batailler avec la commissaire et argumenter auprès de mes collègues de Pep's pour convaincre tout le monde de rencontrer les policiers par petits groupes, dans des lieux familiers, sécurisants : ceux de la Bac dans le bureau de la Bac, ceux du GSP[1] dans le bureau du GSP, pareil pour la BST[2], etc. Mon intuition me disait que c'était la bonne méthode pour leur permettre de sortir de leur réserve et d'oser s'exprimer sur un thème tabou dans la police.

Et j'ai eu raison d'insister. Notre intervention et nos échanges sont d'une grande richesse et les policiers se livrent sans filtre devant leurs collègues. À un moment, alors que j'explique l'importance de ne pas se renfermer sur soi, un chef de brigade m'apparaît, les yeux rougis. Je le sens au bord de craquer. Je l'interroge.

— Ça va ? Comment te sens-tu ?

— Bah, en fait, ce que tu dis me parle. Il y a quelques semaines, j'avais le canon dans la bouche.

— Pourquoi ? Qu'est-ce qui a fait que tu n'es pas allé jusqu'au bout ? Qu'as-tu mis en place depuis ?

— Je me suis dit que j'allais appeler ma psy et que si elle répondait j'essaierais de me battre encore. Et que, si elle ne décrochait pas, je me mettrais une balle…

Nous ne comptons pas nos heures pour rencontrer un maximum de collègues et prenons le temps nécessaire avec chacun d'eux. Nous sommes au commissariat de 7 heures à 23 heures, ainsi nous pouvons aussi croiser les nuiteux.

---

1. GSP : Groupe de sécurité de proximité.
2. BST : Brigade spécialisée de terrain.

Le lendemain matin, avant de quitter Calais, je donne une interview matinale à France Info. On me questionne sur des propos tenus par le ministre la veille, des propos avec lesquels je ne suis pas en phase. Non, ces suicides ne sont pas dus à des raisons personnelles. Je ne veux pas me trahir et aller dans son sens, même si ce soir je serai face à lui dans son bureau. J'assume mes convictions et j'explique que nous sommes des êtres humains complexes.

— En moyenne, un policier s'est suicidé tous les trois jours au mois de janvier... On ne peut pas dire qu'un suicide est dû à des raisons personnelles, ni même à des raisons professionnelles. On ne peut pas cloisonner nos émotions. On garde avec nous nos problèmes, quels qu'ils soient. Et même si, en apparence, nos problèmes semblent personnels, leur origine ne peut-elle pas être d'ordre professionnel ? D'après les quelque six mille appels reçus par l'association en 2021, nous sommes face à un syndrome de stress post-traumatique généralisé qui s'installe et nous conduit à la dépression. La solution n'est pas de laisser son arme au vestiaire, mais de faire de la prévention autour du stress post-traumatique et surtout de parler, que ce soit avec des collègues, des amis, des psychologues. Il faut absolument vider le vase qui se remplit au fur et à mesure. Les mots « dépression » et « suicide » restent des mots difficiles à dire et pas seulement au sein de la police. Je pense que c'est le cas dans toute la société française. Mais j'ai l'espoir que ça change, notamment du fait de la nouvelle orientation prise par le directeur général de la police nationale, Frédéric Veaux. Il a approuvé l'organisation d'interventions dans les écoles de police afin de sensibiliser les jeunes élèves aux risques du métier ; et le suicide en fait partie. Et il est aussi d'accord pour qu'on aille à Montréal se former au programme « Ensemble pour la vie » et en rapporter un maximum de choses. Car la hiérarchie, et donc l'administration, est légalement responsable de la bonne santé physique et mentale des agents.

Nous nous rendons ensuite au ministère de l'Intérieur, place Beauvau. Autant dire que nous sommes épuisés en arrivant... et le ministre est en retard. On nous conduit, Yohan et moi, dans un petit salon où je m'assois sur un confortable canapé et m'endors instantanément ! Des coups de pied discrets me réveillent en sursaut. C'est Yohan. Trop tard, le ministre nous fait face. Je me lève d'un bond.

Gérald Darmanin, tout comme Alexandre Brugère et Frédéric Veaux, également présents, semble particulièrement sincère et éprouvé par la vague de suicides que nous venons de vivre. Je lui expose la situation et pose le diagnostic.

— Le mal-être des policiers a la plupart du temps pour cause un stress post-traumatique par accumulation. Nous sommes armés d'un SIG Sauer et d'un gilet pare-balles pour nous défendre face à une agression qui menacerait notre vie, mais nous ne sommes pas armés pour faire face à notre propre mort. Nous ne sommes pas armés psychologiquement pour faire face à tout ce que l'on va voir et vivre dans notre carrière. Et c'est pareil pour tous les policiers à travers le monde. Nous sommes en lien avec la Belgique, l'Italie, l'Angleterre, les États-Unis et le Canada. Partout, le constat est le même : un niveau de suicide élevé et des ravages causés par les troubles du stress post-traumatique.

Je veux convaincre mes interlocuteurs de l'efficacité du protocole « 6C ». Avant l'entretien, j'ai demandé un devis pour y initier cent cinquante mille policiers et l'enseigner à suffisamment de formateurs en vue d'atteindre l'autonomie en cinq ans. Je remets au ministre ce devis accompagné des adresses mails d'éminents psychiatres français, notamment Yann Mikaeloff et Patrice Schoendorff, attestant de l'efficacité de ce protocole.

— Le coût pour former au « 6C » l'ensemble des forces de police serait de 3 euros par personne.

M. Darmanin en prend note et nous dit qu'il va demander une étude à la Haute Autorité de Santé pour s'assurer que ce protocole pourrait être déployé sans danger. Les regards confiants et encourageants de Frédéric Veaux et d'Alexandre Brugère me poussent à poursuivre.

— Un autre point est essentiel. La proximité crée et facilite grandement les liens. Les psychologues placés dans les commissariats pour soutenir les victimes sont très sollicités par nos collègues. Tout ne se joue pas dans un cabinet de psy. Parfois, il est plus simple de parler, d'amorcer une conversation autour d'un café ou en fumant une cigarette. Et la démarche reste moins formelle, plus spontanée. Les psychologues doivent être proactifs et venir à la rencontre des policiers. Comme je l'ai expérimenté, quand on souffre de stress post-traumatique, parler est difficile, d'autant plus qu'on ignore la plupart du temps qu'un mal nous ronge de l'intérieur. Alors, pourquoi aller voir un psy ?

— Je vous promets de revenir vers vous d'ici trois mois, conclut le ministre de l'Intérieur.

Nous quittons la place Beauvau sans réel enthousiasme. Si la rencontre était riche en promesses, le résultat nous semble mitigé. Nous n'avons rien obtenu de concret, notre seule certitude est d'avoir été entendus.

Il faut reconnaître que l'ampleur de la tâche est énorme, de même que le courage nécessaire pour amorcer un vrai changement à sa mesure.

Dans les mois qui suivent, le nombre de suicides de fonctionnaires de police augmente. Au total, sur la seule année 2022, quarante-six suicides sont recensés, et l'Île-de-France est en tête de ce triste classement.

En parallèle de mon engagement associatif, je suis une formation d'officier de police judiciaire de six mois, indispensable pour être autonome dans mon nouveau boulot. Nous avons de très bons résultats et battons de nombreux records de saisie de produits stupéfiants en Côte-d'Or.

Je suis épuisé mais j'ai trouvé des réponses et je commence à prendre conscience de mon potentiel. J'ai pu obtenir ma qualification sans avoir à lever le pied au niveau associatif. Quatre mois après, la Direction de la police judiciaire de Dijon m'appelle et me propose de rejoindre l'Ofast[1].

J'apprends aussi l'origine de cette différence avec les autres à l'école, j'apprends ce qu'est ce « pic » dont tout le monde me parle, pourquoi je lisais couramment dès le premier jour de cours préparatoire, pourquoi j'ai pu volontairement faire baisser mes résultats scolaires pour me fondre dans la masse et ne plus être la cible des moqueries, pourquoi j'ai pu obtenir cette qualification sans mettre de côté l'association : je suis HPI, « haut potentiel intellectuel ». Maintenant, je m'accepte pleinement tel que je suis. Je l'assume, même si je n'ose

1. L'Office anti-stupéfiants (Ofast) coordonne la lutte contre le trafic des stupéfiants sur le territoire français. Il est opérationnel depuis le 1er janvier 2020.

pas le dire. Et à l'Ofast, avec cette particularité, je suis à ma place. J'utilise ce potentiel et, au besoin, je nourris mes besoins psychologiques en allant plaisanter avec mes collègues avant de retourner à mes travaux qui requièrent une extrême concentration, base rebelle oblige.

Côté ministère, aucun retour ne nous est fait. Mais nous nous consolons en nous persuadant que notre rendez-vous a sûrement contribué au lancement d'un audit du programme de mobilisation contre le suicide et du SSPO. Que va-t-il en sortir ? Mystère. Je surestimais le pouvoir et la latitude d'action d'un ministre en exercice. Je constate que nos hauts fonctionnaires, ceux qui pilotent le pays et obéissent aux gouvernants, ne sont soumis qu'à l'obligation de moyens. Chez eux, l'obligation de résultat ne semble pas exister.

16

Grâce à mes formations et à ma nouvelle approche, j'ai la capacité de mobiliser mon potentiel. Quelle que soit la situation, je garde la tête froide. Une nouvelle posture, fort utile sur le plan politique.

À Pep's, nous sommes partis de zéro. Tout était à inventer et à bâtir. Et s'il n'est jamais simple de susciter un changement, ça l'est encore moins au sein d'une administration où il faut convaincre de hauts fonctionnaires, persuadés que la réponse doit venir d'eux et pas « d'en bas », même s'ils n'ont aucune idée du quotidien d'un flic.

Je comprends vite qu'une attitude conciliante est plus efficace qu'un coup de gueule. À force de dialogue et d'actions auprès de pairs en détresse, il est désormais convenu que nous ne sommes pas juste des petits flicards qui jouons aux apprentis psychologues.

Dans notre « combat », notre proximité avec les Canadiens, référents en matière de prévention du suicide dans la police, est un atout de taille. En janvier 2020, lorsque nous avons évoqué l'idée de former, à l'instar du Canada, des sentinelles[1] chargées de repérer les policiers

1. Sentinelles : policiers volontaires formés qui continuent à exercer leurs missions et qui ont pour vocation d'identifier les signes de détresse chez leurs collègues en souffrance, dans l'espoir d'enrayer le mal-être favorable au suicide, puis, selon la nature des problèmes, de les orienter vers des professionnels. En 2021, 41 personnes ont été formées, 1 066 en 2022, et

fragilisés et d'anticiper le risque de passage à l'acte, on nous a ri au nez. Deux ans plus tard, confrontée à cette vague inédite de suicides, notre administration se décide enfin à former des agents à la prévention. Quelque deux mille sentinelles sont désormais déployées à travers la France.

Pep's compte à présent une quinzaine de psychologues et de médecins bénévoles ; ils accompagnent nos collègues et prennent notre relais, nuit et jour. Et deux cliniques psychiatriques, notamment la clinique Val Dracy, près de Chalon-sur-Saône, assurent le suivi de nos interventions. Le Dr Moulin, chef de service psychiatrie, y reçoit des dizaines de collègues dans le respect absolu de la confidentialité. Il nous facilite grandement la tâche. Nous pouvons l'appeler le matin pour une admission le soir même. Il règle même les problèmes de transport et la clinique finance les taxis lorsque notre administration refuse. L'engagement de la directrice de la clinique est total. Christiane se met en quatre pour répondre à chaque sollicitation, sa disponibilité est sans faille, avec en prime un sourire constant aux lèvres. L'établissement de soins assure sur tous les fronts, si bien que les collègues qui vont mal ne veulent plus aller nulle part ailleurs.

Et moi, je jongle entre mes deux jobs, en accordant la priorité aux urgences : ne jamais couper le lien avec les collègues en détresse est essentiel.

À mon bureau au commissariat, en audition avec un mis en cause et son avocat, une collègue que je suis depuis quelques jours m'appelle. Ça ne va pas fort. Mais impossible de lui parler face à l'énergumène qui me

---

déjà 1 586 au 31 juillet 2023. Source : www.senat.fr/questions/base/2023/qSEQ230607254.html.

fait face. Lapidaire, je lui dis que je la rappellerai dès la fin de mon audition. Mais elle me relance à deux reprises. Je finis par décrocher et demande à un collègue de raccompagner le gardé à vue aux geôles. J'ai bien fait. Au bout du fil, la collègue est en larmes.

— J'en peux plus ; j'y arrive plus, Christophe. Je suis sur un pont et je vais sauter. Je voulais juste te dire adieu et merci d'avoir pris le temps de m'écouter. Mais tout ça, ça ne sert à rien.

Je l'écoute sans la juger ni l'interrompre, comme à l'habitude.

— Tu ne veux pas mourir, Delph, tu veux te débarrasser de ta souffrance et, en m'appelant, tu sais bien que je ne te lâcherai pas.

Et je ne l'ai pas lâchée. À force de parler, d'insister sur ce qui compte réellement pour elle, même à ce moment critique, son envie de sauter faiblit. Je passe alors le relais à une psychologue bénévole de l'association. Soulagé, je rappelle l'avocat, lui explique la situation, et reprend l'audition l'esprit plus léger.

Mais certaines situations sont bien plus rudes à gérer. Un matin, ma commissaire, accompagnée d'une commandante de police, débarque dans mon bureau.

— Monsieur Girard, un collègue de la crim' s'est suicidé à Paris et ses parents habitent notre circonscription. Je dois aller les prévenir. Vu votre statut, pouvez-vous venir avec nous ?

Une demande inédite que j'accepte, bien sûr. Dans le véhicule qui nous mène au domicile de ces parents à qui nous allons annoncer la terrible nouvelle, personne ne parle. La météo est au diapason de nos cœurs. Le ciel est noir, un éclair cisaille le ciel, une pluie battante explose. La vie de ces gens va basculer. Je ne m'y habitue pas.

Je suis en colère, frustré, triste. Je me pose des milliers de questions. Comment être plus efficace ? Comment atteindre le mal à la racine ? J'en suis à ce stade de mes réflexions quand je gare notre véhicule de service devant un modeste pavillon. Dans le jardin, une vieille balançoire est ballottée par le vent.

La commissaire sonne. Un homme avenant, la cinquantaine, aux cheveux clairs et aux yeux d'un bleu limpide, nous ouvre. Il nous dévisage, se décompose. Il a deviné la mort à nos mines fermées.

— C'est mon fils ?

— Oui, monsieur, souffle la commissaire. Pouvons-nous entrer ?

L'homme acquiesce. Nous entrons. Il veut qu'on le rassure. D'ici quelques secondes, sa vie et celle de tous ses proches vont basculer.

— Camille ne nous a pas appelés hier soir. Qu'est-ce qui lui est arrivé ?

— Vous êtes seul ? demande la commissaire.

— Ma femme est au travail. Dites-moi, implore-t-il.

— Monsieur. Vous voulez bien qu'on s'assoie un moment ?

L'homme nous indique une grande table en bois clair. Nous nous asseyons, un peu gauches, nos regards fuient sa détresse. Un portrait de son fils en tenue d'honneur trône sur une commode. La commissaire reste muette, incapable de lui asséner le coup de grâce. L'homme insiste, sa voix supplie.

— Camille s'est suicidé, c'est ça ?

— Oui, se débarrasse la commissaire dans un souffle.

L'homme, la tête entre les mains, émet une longue plainte. Que faire pour l'aider à accuser le choc ? Parler ? Se taire ? Poser une main sur son épaule ? La commissaire est comme pétrifiée. Je prends le relais.

— Nous vous présentons nos plus sincères condoléances, à vous et à votre femme.

L'homme se redresse d'un coup et se met à parler sans discontinuer. Au fil des mots, il s'apaise, comme dissocié de la réalité. Il pense à voix haute et étrangement calme :

— De toute façon, on le savait. On savait quand Camille s'est engagé que ça arriverait vu tous les suicides qu'il y a chez vous. Ce sont les risques du métier…

Je voudrais lui dire que non, le suicide n'est ni une fatalité, ni un risque inhérent au métier de flic. Prendre un mauvais coup, une balle, d'accord. Mais ça, non. Le suicide, c'est un échec, une anomalie, la conséquence de la défaillance de notre institution. J'ai perdu davantage de collègues par suicide que sur le terrain. Ce qui est aberrant, inacceptable.

Je pose la main sur son épaule.

— Venez avec nous, monsieur, nous allons retrouver votre femme à son bureau. Il ne faut pas rester seul. C'est important que vous soyez ensemble aujourd'hui.

L'homme qui nous a ouvert sa porte s'est évanoui. Le visage fermé, la démarche raide, c'est celui qu'il est devenu par notre faute qui nous suit jusqu'à notre véhicule. Le trajet jusqu'à l'entreprise où travaille son épouse est interminable. Dès notre arrivée, son patron nous installe dans une salle de réunion, loin du vacarme. Nous sommes les messagers de la mort. C'est là que nous allons lui dire.

La mère de Camille fait son entrée dans la salle, souriante, un dossier sous le bras. À notre vue, elle se fige. Son regard fouille le visage de son mari. Elle a compris.

— C'est qui, le plus gradé d'entre vous ? s'enquiert-elle.

— Moi, répond la commissaire.

La femme dépose son dossier sur la table et plante ses yeux dans les siens. Sa colère explose, une rage à la mesure de la douleur d'une maman qui vient de perdre son fils. Il lui faut un coupable. Elle se met à hurler sur nous qui accueillons ses accusations avec compréhension.

— C'est vous qui l'avez tué ! C'est la police qui est responsable de la mort de mon fils. Vous et toute votre hiérarchie, c'est votre faute si Camille est mort. Vous savez pourquoi ? Parce que vous donnez à vos équipes des ordres parfois absurdes, souvent incompréhensibles. C'était votre rôle de veiller sur mon fils ; parce que vous devez prendre soin de vos hommes ! Vous avez mis Camille dans une brigade qu'il ne voulait pas intégrer. Il ne s'en sentait pas encore capable, et vous l'avez forcé ! Il n'avait que vingt-quatre ans ! Il était à bout, il ne dormait plus. Il a voulu parler à des chefs, personne ne l'a écouté. Au lieu de ça, on lui a mis une pression énorme. Dieu seul sait ce qu'il a affronté avant d'en arriver là. Pour vous, pour ses chefs, seuls les chiffres et les résultats comptent.

Soudain sa colère s'éteint, sa voix se brise :

— Mon gosse, vous n'en avez rien à foutre ! Moi, c'est mon fils qui est mort, mon petit garçon.

Une insondable tristesse la submerge. Elle glisse au sol. Son mari se précipite, la serre dans ses bras un temps infini, impossible à mesurer. Nous sommes les témoins silencieux et bouleversés de leur désespoir. Ils sont réunis. Notre mission s'arrête là.

Sur le chemin du retour règne un calme pesant. Mes collègues sont en état de choc, mais j'ai besoin de partager mon ressenti :

— Vous avez entendu ce qu'elle a dit, cette maman ? Elle a raison. N'oubliez jamais ce qui vient de se passer.

Leur silence me dit qu'elles ont pris la mesure de mon combat. Un suicide emporte tout sur son passage : des parents, des enfants, des conjoints, nos pairs, et toute notre institution. Et pour nos collègues de terrain, les répercussions sont énormes, car une mort violente entraîne des constatations, une enquête, une autopsie, etc., avec l'inévitable identification à soi.

Pour nous développer, il est vital de faire connaître l'action de Pep's à toujours plus de policiers, et aussi au grand public. Nous avons noté que l'animatrice Cécile de Ménibus postait systématiquement sur ses réseaux des messages de soutien lorsqu'un policier était blessé ou tué. Alors, nous la contactons et lui proposons de devenir la marraine de Pep's. Cécile accepte, nous expliquant faire partie de la réserve civile en police et en gendarmerie. Elle nous confie qu'elle aurait voulu faire carrière dans la police. Grâce à son implication, nous gagnons en notoriété et de plus en plus de collègues fragilisés nous contactent. Les dons sont vite au rendez-vous et nous permettent de former toute l'équipe au protocole « 6C », méthode que nous utilisons au quotidien.

Grâce aux fonds récoltés par notre médiatisation, nous pouvons aussi nous déplacer plus aisément dans toute la France et nous former au programme « Papageno[1] ». Car parler du suicide sans risque d'effet domino est primordial. C'est pour moi l'occasion d'une belle rencontre avec la formatrice, la cinquantaine, brune, dynamique, très investie dans la diffusion de ce programme. À l'issue du cours, nous avons longuement

1. Le programme Papageno livre les clés et les bons mots pour parler avec justesse, afin de prévenir la contagion suicidaire et de promouvoir l'entraide et l'accès aux soins. Source : https://papageno-suicide.com/

échangé. Aujourd'hui encore, au moindre doute, ou s'il y a un article ou un projet important, je demande au professionnel concerné de prendre contact avec Nathalie, afin d'éviter l'« effet Werther[1] ». Elle répond toujours présente et son implication est totale.

Ma soif d'apprendre, ma curiosité aussi me font chercher toujours plus loin. J'ai le désir de tout faire parfaitement tout en doutant perpétuellement, ce qui me pousse à m'améliorer sans cesse pour me sentir légitime. Lorsqu'il est question de la crise suicidaire et de l'accompagnement de collègues en détresse, je ne supporte pas l'à-peu-près.

Au prétexte d'une petite réunion de présentation au ministère, je me retrouve un jour en compagnie de deux autres membres de l'association face à sept psychologues, dont la cheffe du SSPO et son adjoint. Je suis seul sous leur pluie de questions. Seul car ils s'adressent clairement à moi. Il faut dire que, quelques semaines auparavant, j'ai suggéré une refonte du SSPO, arguant son efficacité mitigée, chiffres à l'appui. Les questions fusent :

— Quel est le moment le plus critique ? Quand le risque de récidive est-il à craindre ? Qu'avez-vous mis en place en termes de suivi ? Quelles réponses avez-vous trouvées pour éviter la rechute ? Et le désarmement ? Envisagez-vous dans certains cas de prévenir la hiérarchie ?

1. Parler du suicide peut encourager les conduites suicidaires. Ce phénomène, appelé « effet Werther », doit être pris en compte pour tous les messages d'information et de communication sur le suicide, pour en limiter les répercussions néfastes. Il tire son appellation du roman de Goethe, *Les Souffrances du jeune Werther*, dont le suicide romantique par arme à feu avait inspiré, dans les mois suivant la parution du livre, une vague de suicides selon les mêmes modalités.

La volonté est clairement de me mettre en défaut. Je me plie de bonne grâce à leurs questions et pense avoir répondu avec justesse. Dans le cas contraire, vu la tension ambiante, ils m'auraient instantanément taclé.

Une fois l'interrogatoire terminé, les participants rangent leurs affaires. Il est midi. À mon tour, je lance mes questions. Leurs réponses sont parfois hésitantes, et plus j'insiste, plus les propos de ces spécialistes de l'accompagnement sont flous. Je conclus en leur suggérant, à l'instar du modèle canadien, de patrouiller avec les policiers pour cerner les problèmes et de créer une vraie proximité. Leurs mines interloquées en disent long sur leur motivation à trouver des solutions.

Cet épisode montre les limites du SSPO, un service de soutien qui n'a d'opérationnel que le nom et qui mériterait d'être revu de fond en comble. Il démontre également qu'il n'est nul besoin d'avoir un diplôme pour maîtriser un sujet. Il faut s'y intéresser, se sentir concerné et s'investir. Il m'a été facile d'intégrer pleinement le mécanisme de la crise suicidaire, car je l'ai vécue par deux fois. Et si je ne suis pas titulaire d'un diplôme en psychologie, j'ai l'expérience de mes vingt-huit années de carrière « au front ».

Le 1er mai 2022, tous les feux sont au vert et nous décollons enfin pour Montréal. Nous avons levé les fonds nécessaires pour faire ce voyage avec l'équipe de Pep's au grand complet ; le Covid lâche du lest et le ministère a donné son accord.

Ce déplacement est le fruit des contacts que j'ai noués depuis deux ans avec Louis-Francis Fortin, psychologue, chef du SPVM[1]. L'homme veille à la santé mentale des

1. SPVM : Service de police de la ville de Montréal.

agents de police de Montréal depuis 2006. En 2017, il a pris la relève comme chef de section au Programme d'aide aux policiers et policières (PAPP), composé d'une équipe de cinq personnes au service des quatre mille huit cents membres de la police de la ville. Leur mission : soutenir le personnel et prévenir les suicides. Louis-Francis nous ouvre grand les portes de ses services et nous livre, par le menu, les étapes de leur programme de prévention du suicide.

Au fil de nos discussions, je mesure comme notre retard est grand sur les questions de santé mentale. Nos échanges me confirment qu'il y a deux axes à développer prioritairement en France : la phase de reprise du travail et la libération de la parole. Ils me confortent aussi dans la justesse de l'intuition qui m'a poussé à organiser les rencontres par petits groupes au commissariat de Calais.

À Montréal, lorsque des policiers reprennent du service après un arrêt maladie, des collègues sont spécialement détachés pour les accompagner et assurer une reprise en douceur. « Ensemble pour la vie » est une méthode éprouvée et qui permet un taux de rechute quasi nul. Chez nous, ce taux explose.

Pour libérer la parole, le SPVM organise également des « tournées », qui consistent à envoyer un policier accompagné d'un psychologue à la rencontre des agents au sein des commissariats, par petits groupes. Le premier va partager son expérience et le psychologue décortique son témoignage pour expliquer ce qui se passe à des moments clés de son histoire. Ce faisant, il observe le comportement des uns et des autres, car entendre un policier révéler sa détresse ou un événement traumatique remue énormément ses collègues.

Ce matin, au commissariat de Montréal, ils sont quatre à témoigner devant leurs pairs du fait que, si chacun peut un jour toucher le fond, nous avons tous une capacité à la résilience. Les récits m'émeuvent, moi aussi, comme ils touchent chacun des policiers présents. Je dois me distancier, analyser ce qui se joue entre ces collègues ; les observer. Ils parviennent à parler du suicide comme on expliquerait la recette d'un gâteau ! Ici, le mot n'est pas tabou, il est devenu un élément du langage commun. Tous l'utilisent sans crainte d'un quelconque jugement, voire d'un possible désarmement.

Un policier d'une trentaine d'années prend la parole. L'homme est grand, costaud, sa voix porte. Il raconte sa vie depuis l'enfance, se perd dans des anecdotes lointaines, puis arrivent les interventions marquantes, son premier mort, la violence, la misère au quotidien, la dégringolade mentale. Un jour, il retrouve une famille entière, morte. Au rez-de-chaussée, les corps d'une femme et de deux jeunes enfants sont criblés de balles. Avec son collègue, ils se séparent pour finir de visiter la maison. Lui monte à l'étage et c'est là qu'il tombe sur le cadavre du père de famille. Il se balance au bout d'une corde, telle une poupée de chiffon géante. Une vision cauchemardesque. Son collègue et lui gèlent les lieux, puis attendent l'arrivée des enquêteurs au milieu des cadavres. C'est là qu'il vrille et se met à parler au pendu. Il lui dit qu'il lui pardonne son geste, qu'il n'a plus à s'inquiéter de rien.

Les yeux brillants, le policier s'interrompt ; il nous regarde, comme pour vérifier qu'on ne le prend pas pour un dingue. Les visages de tous disent une compréhension et une humanité où il n'y a pas de place pour le jugement. Rassuré, il se racle la gorge et se délivre des mots qu'il a toujours tus :

— Je suis un chat noir, c'est la quatrième intervention où je tombe sur des cadavres dans une maison. La dernière fois, j'étais si angoissé à l'idée de ce que j'allais trouver que j'ai failli renverser un piéton tellement je roulais vite. J'avais hâte de savoir. Et j'ai pas été déçu. Quand on a pu quitter la maison, je suis rentré chez moi direct. J'avais les yeux secs. Mon neveu de cinq ans était là. Quand il m'a vu, il a couru vers moi et m'a sauté dans les bras. Et là, j'ai craqué. J'ai pensé au petit garçon de cinq ans qui était mort là-bas. Je l'ai serré fort et j'ai pleuré toutes les larmes de mon corps… Plus tard, dans la cuisine, alors que je préparais le dîner, j'ai attrapé un grand couteau et je me voyais m'ouvrir le ventre avec. C'est là que j'ai compris que je devais me reprendre en main. Je me suis mis au yoga et j'ai même passé un diplôme de prof. Aujourd'hui, ça va.

À la fin du témoignage, et après une pause nécessaire, s'ensuit un temps d'échanges entre le policier et ses collègues. À l'annonce de la pause, très peu de personnes sortent, la majorité d'entre elles vont trouver celui qui vient de se confier. Chacun s'est reconnu à un moment ou à un autre dans son récit. Et pour cause, nous vivons tous des interventions similaires. En moins d'une heure, la parole s'est libérée. Ce qui paraît incroyable dans un univers où tous verrouillaient jusqu'alors leur mal-être et leurs traumas – qu'ils ne savaient d'ailleurs même pas nommer – de peur d'être incompris, ou pire, virés.

Un autre volet du programme d'aide, nommé « Policier Ressources », permet de soutenir ses pairs *via* une ligne téléphonique où les policiers en détresse ont la possibilité de parler à d'autres, formés au préalable.

Je discute énormément avec ces collègues canadiens qui témoignent. L'une d'eux, Martine Laurier, est la première femme à avoir rejoint le SPVM ; elle a dû se battre pour s'imposer face à ses équipiers masculins et gagner leur confiance. À ses débuts, même les gilets pare-balles n'étaient pas adaptés à la morphologie féminine, les plaques du sien lui arrivaient à mi-genoux. Un matin, après un énième conflit avec son chef de service, elle avait emmené ses enfants à l'école puis était rentrée chez elle. Là, son arme à la main, elle s'était enfermée dans sa chambre pour en finir. Une collègue inquiète et étonnée de ne pas la voir était venue sonner à sa porte juste à temps… Martine fut l'une des premières à briser le tabou du suicide et à intégrer le programme des « tournées ». Aujourd'hui retraitée, elle a, quinze années durant, relaté son vécu dans tous les postes de police de Montréal pour aider ses pairs. Elle propose toujours des ateliers de témoignages à de nombreux services de primo-intervenants.

La force de l'engagement de Martine achève de me convaincre. À mon tour, je dois m'exprimer. Et ce n'est pas chose aisée, car jusqu'alors j'écoute et accompagne mes collègues en détresse, mais je ne me suis jamais livré. En quelques jours, je couche sur le papier les passages les plus importants de ma carrière, les interventions qui m'ont marqué, mes tentatives de suicide. Un témoignage que je transmets aux responsables du programme de Montréal. Leur avis m'importe au plus haut point.

Conforté par leur approbation, je propose à mes collègues de Pep's d'imiter nos confrères. Pourquoi ne pas faire le tour des écoles de police pour raconter mon propre drame ? Une belle occasion de sensibiliser les jeunes recrues et de libérer leur parole en amont de leurs premiers pas sur le terrain. Si les élèves de l'école de police n'écoutent pas forcément un psychologue, un policier avec vingt-huit ans de carrière à son actif trouverait sûrement du crédit à leurs yeux. Cette idée verra-t-elle jamais le jour ?

Au Canada, nous avons beaucoup appris sur la prévention du suicide, bien sûr, mais aussi sur nous-mêmes et nos interactions avec les autres. Une semaine de promiscuité à treize dans un appartement, alors que certains ne se connaissaient que virtuellement, ça n'allait pas de soi... Sans compter la fatigue liée au décalage horaire et aux journées de travail intenses et chargées sur le plan émotionnel.

Quelques jours après notre retour à Dijon, mon intuition me dicte de prendre du recul et de clarifier certains points avec l'équipe de Pep's. Je décide de regarder qui fait quoi au sein de l'association. En quelques jours et quelques appels, le doute est levé. Des failles sont bel et bien là. Certains faits à mon sens graves et inacceptables se sont produits.

D'urgence, j'organise une visioconférence avec l'ensemble des membres du bureau de Pep's pour leur exposer la situation et tenter de redresser la barre. Tous sont là, attentifs à mes mots. Je tente d'être le plus diplomate possible, notre mission est belle et j'ai conscience qu'elle doit perdurer.

— Jusqu'alors, je partais du principe qu'en tant que bénévole chacun faisait de son mieux. Je déléguais très peu donc, et quand je déléguais, je ne contrôlais pas. Notre déplacement à Montréal m'a ouvert les yeux sur nos lacunes. Nous avons confié des postes clés à des personnes qui n'ont pas les compétences et les formations annoncées. Nos pairs en détresse nous confient leur vie et nous ne pouvons pas les mettre entre les mains d'individus non qualifiés. C'est pourquoi je demande que nous contrôlions chacun des membres de l'équipe médicale. On ne peut pas garder ceux qui ne sont pas en mesure de nous présenter leur diplôme ; non qu'il soit indispensable, mais, ne connaissant pas les personnes et leur vécu, il n'y a pas d'autre moyen, dans un premier temps, pour nous assurer d'une prise en charge correcte. Il faut aussi nous séparer de la personne du bureau à l'origine de cette dérive. Elle a fait preuve de négligence et trahi notre confiance. Dans le cas contraire, il n'est pas question pour moi de continuer.

Si la majorité des membres du bureau approuvent ma position, ils ne sont pas prêts à prendre de vraies décisions qui les obligeraient à faire un choix entre leur président et moi en raison de sa relation privilégiée avec la personne visée. Pourtant je ne faiblis pas. Sur des sujets si graves, il n'y a pas de concession possible. Nous décidons alors d'organiser un vote au sein de l'équipe. Là encore, le résultat est mitigé et aucune décision n'est prise.

Je me suis investi à corps perdu pour créer et faire grandir Pep's, je me suis battu pour gagner en crédibilité auprès de nos interlocuteurs (la hiérarchie, la DGPN, le ministère de l'Intérieur, etc.). Il est question de suicide, bon sang ! Avec, potentiellement, la vie d'un homme ou d'une femme en grande détresse au bout du fil. Je suis incapable de promouvoir l'action d'une équipe en qui je n'ai plus confiance. Faut-il attendre un loupé pour corriger les failles de notre organisation ? Que se passerait-il en cas de réel coup dur ? Nous n'avons pas droit à l'erreur.

Je tourne comme un lion en cage. Que faire ? En fait, j'ai beau considérer la situation sous tous les angles, je ne vois aucune sortie de crise possible. La mort dans l'âme, je présente ma démission.

Le 23 mai 2022, installé dans mon salon, je rédige un e-mail à l'ensemble des membres du bureau de Pep's. Je suis à la croisée des chemins, mais il n'y a qu'une option. Si j'appuie sur la touche d'envoi, ma décision sera actée.

Irrévocable. Mon index s'abaisse. Vertige. C'est parti. Une page se tourne tristement.

Par la fenêtre grande ouverte, j'entends les enfants qui rient et jouent dans la piscine. Le cœur lourd, je pars enfiler un maillot de bain.

— Cool, papa ! Viens ! On fait la course !

Je plonge dans l'eau glacée.

17

Encore et toujours, je dois apprendre à vivre le quotidien, dompter ce besoin absurde de demeurer sous stress pour me sentir exister.

Choisir de quitter l'association à laquelle j'ai tant donné a été nécessaire mais difficile. D'autant plus dur que ceux qui l'apprennent, cherchant sûrement à me réconforter, s'étonnent, veulent comprendre, disent leur déception.

— Quel dommage ! Pourquoi es-tu parti ? Tu ne peux pas partir ! Pour nous, Pep's, c'est toi…

Non, Pep's est une équipe et je reste admiratif de ceux qui partagent ma position et ont choisi de rester pour continuer à aider nos collègues. Moi, c'était au-dessus de mes forces. Je suis incapable de continuer à travailler, à m'exposer, à promouvoir notre action, si je ne suis plus convaincu de nos méthodes. Comment défendre une approche, la qualité de nos psychologues et intervenants, sachant que certains pourraient faillir face à une situation extrême ?

Après mon départ, les choses se passent comme je le redoutais : rien ne change. J'espère que Pep's survivra à cette crise, car nous avons créé un formidable outil pour un grand nombre de collègues et qui pourrait en aider toujours davantage.

L'été approche, ma mission me manque cruellement et mon vague à l'âme grandit. J'ai l'impression d'avoir abandonné mes pairs au front. Ces derniers mois, j'ai vécu sur les nerfs, écartelé entre mon travail aux Stups et ma mission à Pep's. Depuis ma démission, la tension est retombée pour faire place à une grande lassitude. Le vide laissé est abyssal et je traîne un profond sentiment d'injustice. J'ai claqué la porte, bien sûr, mais je trouve anormal que cela se termine ainsi. Je me sens descendre… et je sais où la dégringolade peut me mener. C'est là qu'arrive un « réconfort » douloureux, sous la forme d'un appel d'une collègue que j'ai accompagnée.

— Christophe, tu ne peux pas tout lâcher ! Sans toi je ne serais plus là. Si tu n'étais pas venu me retrouver à la clinique, j'aurais sauté du pont. Il y a tellement d'autres personnes à aider. Franchement, tu ne dois pas lâcher.

Lorsque Sophie m'a appelé quelques mois avant ma démission, j'ai perçu son immense détresse et la possibilité d'un passage à l'acte imminent. D'insoutenables images des attentats parisiens du 13 novembre 2015 la harcelaient nuit et jour… Sans la voir (j'étais à Dijon, elle en région parisienne), je l'ai convaincue de se faire hospitaliser à la clinique Val Dracy. Je lui ai rendu visite et nous avons passé de longues heures à discuter.

L'idée qu'elle puisse vivre ma démission comme une trahison m'est insupportable. Ses mots réactivent une insoutenable culpabilité.

Ma descente s'accélère d'un coup. Je dois ralentir la chute. Le point de non-retour approche. L'idée de mourir s'installe, séduisante, salvatrice. Cet enfer m'est si familier…

Hors de question d'y retourner ! Je dois me ressaisir, mettre en branle tous les pare-feu. Je suis armé pour lutter, bon sang ! Cette fois, j'actionne facteurs de protection et méthodes apprises en coaching. J'identifie mon mal-être, je parle à mes proches, je dis ma souffrance à Isabelle. Elle m'écoute, attentive, compréhensive. À nouveau, j'accepte son soutien. Je vais voir mes amis, je fais ce qui me fait vraiment plaisir et je me reconnecte. En quelques heures, la descente est freinée, l'enfer s'éloigne et s'évanouit.

Mettre en place des facteurs de protection est aussi essentiel que de boucler sa ceinture de sécurité. C'est d'ailleurs le premier geste quand on monte dans sa voiture, alors qu'on n'envisage pas d'avoir un accident. Et on ne la boucle pas juste pour éviter de perdre trois points sur son permis et l'amende de 135 euros. Il en est de même avec les facteurs de protection. En cas d'accident de la vie, ils peuvent nous empêcher de presser la détente, de sauter d'un pont ou d'avaler des cachets. Mais, pour les mettre en action et réduire l'impact des facteurs précipitants, il faut savoir comment se déroule une crise suicidaire et repérer la phase où la « descente » s'accélère. Car une crise suicidaire suit un schéma récurrent qui peut s'étaler sur des mois ou quelques heures. Nos pensées sont constamment actives et tournées vers la recherche de solutions à nos sources d'angoisses et de stress. C'est là que peuvent surgir des idées suicidaires. Si l'on ne parvient pas à détourner ces pensées, les solutions vont s'épuiser et les idées suicidaires se renforcer. Un processus qui évolue jusqu'au moment où seules les pulsions de mort sont présentes. Mourir s'impose alors comme l'issue pour mettre un terme au mal-être. Puis cette phase d'intention suicidaire laissera place à celle de la planification et au passage à l'acte.

Prendre conscience de l'intensification de nos idées mortifères est le signal pour demander de l'aide. Rien n'est figé, rien n'est inéluctable. Jusqu'à l'ultime seconde, tout peut être empêché. C'est pourquoi sur les *hot spots* du suicide, comme le métro ou certains ponts renommés, on voit dans des pays, comme au Canada et aux États-Unis, des numéros d'urgence suicide affichés, parfois même des cabines téléphoniques où il suffit de décrocher le combiné pour parler à quelqu'un. Et cela fonctionne. La parole sauve, car elle rouvre sur le monde extérieur, sur des solutions nouvelles.

L'un des facteurs de protection découle de cette conscience de sa descente. Il s'agit d'un réseau de personnes aidantes – la famille, des amis, les inconnus d'une association, un médecin, un psychologue, etc. – et faciles à joindre. L'essentiel est de pouvoir se livrer sans craindre d'être jugé.

S'exprimer, dès qu'un sentiment de mal-être s'installe, est vital. Pour ma part, un éventail de personnes dans mon entourage sont présentes en cas de besoin. Les facteurs de protection possibles varient en fonction de qui nous sommes. Les enfants, les parents, la femme, le mari, mais aussi nos animaux de compagnie. Pour moi, ce fut ma chienne. Le regard d'Héra, alors que je m'apprêtais à appuyer sur la détente, m'a « réveillé ».

Avant mes tentatives de suicide, personne n'était au courant de mon mal-être, ni ne l'avait perçu. Demander de l'aide m'était impossible. Les signaux d'alerte étaient pourtant là. J'avais maigri, je me renfermais, j'étais irascible.

Même si nous partageons nombre de moments avec nos proches, l'effervescence de nos existences nous fait passer à côté d'indices qui devraient nous alerter. Avoir des idées suicidaires sans oser en parler amène à tenter de contrôler un maximum de choses. Un collègue peut avoir pour habitude d'apporter sa gamelle et ne plus le faire. Un autre, déprimé depuis des mois, dont le bureau est toujours sens dessus dessous, peut soudain tout ranger. Bien sûr, des changements si anodins peuvent ne rien signifier. Ces deux exemples illustrent la complexité de ces indices, présents chez près de 80 % des policiers en grande détresse. Le collègue qui n'apporte plus sa gamelle a peut-être juste la flemme ; et celui qui met son bureau en ordre peut avoir simplement pris de bonnes résolutions. Mais ranger peut aussi être lié à la perspective d'un suicide planifié. Sachant où, quand et comment il va passer à l'acte lui enlève un poids et il règle certaines choses avant de partir. Dans ce genre de situation, on entend dire que « pourtant, ça allait mieux ces derniers temps ». Pour toutes ces raisons, il ne faut jamais hésiter à questionner un collègue lorsqu'on perçoit un changement. La plupart se confient dès lors que l'attention est sincère et la confidentialité assurée. Il faut se fier à son instinct et l'échange humain fait le reste.

Tout à fait par hasard, lors du déplacement à Calais pour Pep's, j'ai pris cet exemple de la gamelle. Un collègue a fondu en larmes. Son équipier, dont la photo se trouvait sur le mur derrière moi, s'était suicidé un an auparavant. Personne n'avait rien vu venir. Il venait de se souvenir que, la semaine précédant son suicide, son collègue n'apportait plus de gamelle, alors qu'il le faisait chaque jour depuis des années.

Ce triste exemple montre comme le moindre changement de comportement peut être révélateur et doit inciter à questionner. Ces signaux sont d'autant plus complexes à saisir qu'un collègue en détresse fera tout pour donner le change ; sourire, parfois même blaguer davantage qu'à l'habitude. La réalité est qu'à cet instant la honte et la culpabilité l'habitent autant que ses souffrances. Et si on ne l'incite pas à parler, en lui disant qu'on est prêt à tout entendre, même des idées suicidaires, alors il dissimulera ses idées noires.

Car, comme on le sait, le mot « suicide » reste souvent un tabou entre policiers, comme pour tout le monde d'ailleurs. On préfère parler de « geste ultime », de « commettre l'irréparable », entre autres euphémismes, plutôt que d'employer le mot « suicide » ou de dire qu'il ou elle « s'est tué(e) ».

Parler peut sauver une vie, alors il ne faut pas s'en priver. Jamais. Après une intervention, si nous faisons parfois un débriefing, il reste hélas technique. Ce moment est pourtant l'occasion pour chacun des équipiers de s'exprimer. Tous ont vécu l'intervention, à des places distinctes et avec une perception différente. Dès lors, si un récit est vague, distordu ou en inadéquation avec celui des collègues, cela peut indiquer que l'agent a manqué de lucidité à un moment. Peut-être était-il en stress dépassé, un état très prédictif d'un syndrome de stress post-traumatique ?

Par expérience, celui qui ne parle pas et qui semble serein est celui vers lequel il faut se diriger. Souvent, c'est le gros costaud, bardé de médailles, qui en a vu de toutes les couleurs. Car comme l'a dit le grand-père d'un ami, derrière chacune de ces médailles, il y a une souffrance. Et les médailles ne les réparent pas, ni ne les atténuent. Alors oui, le costaud est un jour susceptible de voir son vase déborder. Il est peut-être même le plus vulnérable, car sa position de leader de l'équipe l'empêche de parler plus que d'autres. Il ne s'octroie pas ce droit ni n'avoue sa souffrance. Jusqu'à ce qu'elle le rattrape.

J'ai conscience d'avoir triomphé de mon pire ennemi : moi-même. Cette grosse crise, qui aurait pu à nouveau me mener au suicide, je l'ai endiguée grâce aux facteurs de protection que j'ai su mettre en œuvre. Mieux, cette quiétude, qui avant me semblait si ennuyeuse, je commence à l'apprécier. Je profite pleinement des miens et eux aussi sont heureux de ce changement.

Pourtant je reste accro à l'adrénaline, tout comme un toxico. Après chaque montée, une descente et un état de manque s'installent. Cette addiction est plus complexe à gérer que la drogue ou l'alcool, car dans nos vies les décharges d'adrénaline sont inévitables et physiologiques. Alors, imaginez les conséquences dans la vie d'un flic où les décharges sont d'une intensité et d'une fréquence infernale !

Aujourd'hui, je suis en sevrage sur tous les fronts. Pep's ne me procure plus ma « dose », et au boulot les interventions de terrain ont fait place à l'investigation. Mais, si j'ai renoué avec ces descentes difficilement supportables, je les gère. Après chaque forte montée d'adrénaline, je chute et je le sais. Alors j'active mon facteur de protection personnel : je cours, je nage, je boxe. C'est ma méthadone : une hormone en remplace une autre. Celle du sport, moins dangereuse que l'adrénaline, je peux l'avoir quand je veux. Et il est bien question de danger, car il m'est arrivé de me mettre sciemment en péril pour la déclencher. Un comportement qu'on sait symptomatique d'un syndrome de stress post-traumatique.

Je dois vivre avec cette dépendance. Les jours qui suivent les moments forts, riches en décharges d'adrénaline, sont compliqués. Je sais que je serai en état de déprime et de manque. Alors, je fais comme le boxeur pris dans les cordes et sous les coups de son adversaire. Je monte les poings, je serre les coudes, je verrouille la garde et j'encaisse. À un moment, l'adversaire reprendra son souffle. Et là, je devrai réagir, jaillir et cogner pour revenir au centre du ring. Dans la vie, le schéma est identique. Seule la durée diffère. Parfois le temps est long, mais cet instant de répit pour la riposte arrive toujours. Et il faut le saisir.

Ainsi, en apprenant à gérer mes descentes – même si cette recherche de quiétude reste fragile et parfois mise à mal –, j'arrive à apprécier une vie *normale*, une existence sans vitesse, sans danger.

Août 2022, les vacances, enfin ! Nous avons pris la décision de ne pas partir car nous n'avons pas pu prendre nos congés aux mêmes dates. Mais j'entends bien en profiter un maximum et me ressourcer avant ma nouvelle affectation en police judiciaire en septembre.

Avec le soutien de ma psychologue attitrée, je m'applique à vivre au long cours un quotidien sans événement exceptionnel. J'apprends à apprécier les petites choses les plus anodines. Traîner au lit le week-end, admirer un coucher de soleil rougeoyant, me balader en ville avec Isabelle, regarder mon fils jouer avec Phileas, notre jeune braque de Weimar. Désormais, je peux partir dans les bois, me promener sans chronomètre ni course à la clé. Il en est de même pour nos soirées Monopoly en famille. Je les adore. Avant, je ne connaissais pas la saveur de ces moments et les évitais avec soin. À présent, je les aime.

J'ai raté tant d'instants magiques. J'ai laissé échapper les dix premières années de vie de mes enfants, leurs premiers mots, leurs premiers pas, les spectacles de fin d'année, les sorties scolaires, les goûters d'anniversaire. Je regrette tout ce que j'ai manqué parce que j'étais dans l'impossibilité de vivre simplement. Mon métier de flic, mon rêve d'enfant, m'avait volé ma vie. Mais quel sens aurait-elle sans mon métier ?

Ce matin, ma fille a posé un baiser sur ma joue avant de partir à l'école, puis elle m'a dit : « Ça fait du bien d'avoir un papa », avant de tourner les talons. Des larmes de joie sont montées. Je ne savais pas que j'en avais.

18

Mon métier de flic, les souffrances, la violence, les échecs, mes luttes et mes victoires ont construit l'homme que je suis devenu. Mes formations au coaching et à l'accompagnement, enrichies de mon expérience à Pep's, m'ont permis de ne pas flancher. Je sais mes forces, je gère mes failles.

Aujourd'hui, je suis serein, je pose un regard différent sur mon quotidien, sur mon métier, sur ceux qui m'entourent. Chose impossible quand on est happé par le quotidien « extraordinaire » d'un flic de terrain. Voilà le sens de mon témoignage : prévenir mes pairs, afin qu'ils ne perdent pas autant de temps que moi, afin qu'ils sachent qu'ils ont le droit de craquer, sans pour autant être de mauvais flics, ni craindre d'être désavoués par leur hiérarchie. Certaines images d'interventions nous marquent. Elles sont autant de cicatrices invisibles et pourtant bien réelles. Les oublier est impossible, mais nous devons apprendre à vivre avec.

Être policier n'est pas anodin, c'est décider de consacrer sa vie à veiller sur la sécurité des citoyens ; c'est déployer au quotidien force, courage, sens de la justice ; c'est aimer l'action et l'adrénaline qu'elle procure. Mais un policier est un homme ou une femme « comme les autres », parfois submergé par les violences et les drames croisés sur le terrain.

Aucun primo-intervenant – gendarme, pompier, militaire, soignant, médecin – n'est insensible aux souffrances qu'il côtoie. Ils sont nombreux à dissimuler un mal-être qui peut déborder et conduire au pire. On ne s'habitue jamais à la misère, à la violence, à la cruauté.

Nous avons en commun cette proximité avec la mort, la nôtre, celle des autres aussi. Nous partageons cette terrible contiguïté avec la détresse et la noirceur de l'humain. Chacun a son seuil de tolérance, une limite au-delà de laquelle tout bascule, comme un vase invisible qui se remplirait au fil des interventions, jusqu'au jour où la vie devient si accablante, où notre caractère se modifie tant que même nos proches ne nous reconnaissent plus. Si le temps se charge de nous changer, lorsqu'un couple vieillit, ce glissement se fait au même rythme et permet de ne pas « se perdre ». Là, c'est autre chose. La vie nous expose de manière répétée à des situations extrêmes. On change à une vitesse vertigineuse, une mutation sournoise qui n'obéit à aucune règle naturelle. Et, lorsque le vase déborde, c'est le drame. Pour l'éviter, il est essentiel de se réserver un espace à soi, de se confier, de vider le récipient dont le niveau monte à chaque orage.

Longtemps, j'ai cru épargner Isabelle en la préservant des atrocités de mon quotidien, en ne partageant rien. À l'inverse, il m'est arrivé de la provoquer en lui donnant les pires détails d'une scène de crime, comme pour la punir de son insouciance, de son ignorance de l'atrocité de mon monde. Mais jamais en lui confiant ma souffrance.

Combien de fois suis-je rentré à l'aube après avoir vu la mort, incapable de m'intéresser à la moindre de ses paroles.

— Ça s'est bien passé, cette nuit, chéri ?

— Comme d'habitude.

— Pas trop fatigué ?

— Non, ça va.

— Tu sais, hier à l'école, Paul a eu un 16 en anglais. C'est top, non ? Bon, Justine, les maths, c'est pas encore ça... Ce midi, tu pourras réchauffer le poulet avec le riz et les haricots...

Sa voix n'était qu'un bourdonnement familier. J'acquiesçais à son bavardage et son monde me semblait si futile.

Mais ce n'est ni en pensant l'épargner par mon silence, ni en lui racontant l'indicible, qu'elle pouvait m'aider. C'est en partageant mon mal-être, en lui expliquant ce que je vivais, ce que j'éprouvais. C'est là, dans ce juste milieu, que je l'implique désormais dans ma vie afin qu'elle puisse comprendre et me soutenir.

Aujourd'hui, mes enfants savent l'enfer que j'ai traversé. Et, à ma grande surprise, ma fille a souhaité faire un stage au sein de mon service. Sa première journée à mes côtés a démarré dans le calme. Rivés à nos bureaux, nous faisions de la téléphonie. Rien de bien passionnant. Et soudain, la balise collée sur une voiture sous surveillance a bougé.

Action !

C'est parti ! Enfiler les blousons, les gilets pare-balles, sauter dans les véhicules, coller le gyro sur le toit, descendre le pare-soleil « POLICE », mettre la sirène et foncer. Se rapprocher autant que possible de la voiture, se fondre dans la masse, surveiller, voir sans être repéré. Justine découvre tout l'art de la filature en accéléré.

— C'est trop bien, ta vie, m'a-t-elle dit le soir même. Je crois que je veux faire policière.

— Tu sais, ma chérie, la vie de flic n'est pas comme dans les séries. Ces héros-là n'existent pas dans la vraie vie, ils ne sont pas réels.

— Mais toi, papa, tu es bien réel !

Réponse imparable.

Je découvre lui avoir transmis le goût de mon métier. Mes enfants ont compris qu'être flic donnait un sens à ma vie.

— Justine, si tu dois devenir policière, n'oublie jamais une chose : le plus grand risque du métier n'est pas dans la rue ; le plus grand danger, c'est toi.

Une chose est acquise : ni aujourd'hui, ni demain, je n'abandonnerai mes pairs au front de leur mal-être. J'ai beaucoup appris en luttant contre moi-même et ma force de conviction est inébranlable. J'ai pris conscience de tant de choses, notamment que d'autres organisations pouvaient avoir besoin de moi. J'ai ainsi été sollicité par la DGAC[1] dans le cadre de l'élaboration d'un guide des « aérosentinelles ». Ce guide aborde tous les aspects de la santé mentale et notamment la prévention du suicide. Une belle expérience avec des personnes impliquées et sérieuses venant de tous bords : hôtesses de l'air, pilotes, contrôleurs aériens.

Je suis animé par l'envie d'aider les autres, de partager, de donner. Avec toute la distance nécessaire, je sais avoir beaucoup apporté à Pep's. Cette vision peut paraître présomptueuse. Pour ma part, cet engagement m'a donné la certitude que j'étais « normal ». Face aux différentes situations que j'ai vécues, mes réactions étaient cohérentes, puisque nombre de mes pairs ont les mêmes.

Je veux montrer aux collègues en détresse qu'il faut en parler, qu'il est possible de s'en sortir. J'en suis la preuve ! Je veux leur apprendre les outils pour reprendre

1. DGAC : Direction générale de l'aviation civile.

la main. Je veux convaincre que, chacun à son niveau, nous pouvons agir et contribuer à libérer la parole.

Je veux témoigner sans relâche et partout où je le pourrai pour soulager ceux qui souffrent et sensibiliser ceux qui les entourent, hiérarchie, collègues, amis, familles. Parce qu'ils sont trop nombreux à être plongés dans une détresse silencieuse, à remplir leur mission en bravant leur mal-être.

Je veux dire à ceux qui souffrent que j'ai moi aussi souffert, peut-être autant qu'eux. J'ai été au plus bas, mais j'ai tenu bon. J'ai cherché, encore et encore, ce qui m'arrivait. La vie m'a donné plusieurs fois la même leçon, jusqu'à ce que je comprenne, change d'approche, fasse confiance et accepte de m'ouvrir aux autres.

Quelle que soit la situation, il y a toujours un espoir, toujours une solution. Peut-être pas celle que l'on attend, mais peut-être une autre, bien meilleure. Dans l'épreuve, il faut serrer les dents, s'accrocher et attendre le bon moment. Le fait d'avoir affronté mes démons, jusqu'à tenter à deux reprises de me tuer, m'a permis de mieux me connaître et m'a rendu tellement plus fort.

Aujourd'hui, chaque suicide de policier, j'en parle haut et fort. Les citoyens doivent savoir l'envergure du mal-être de sa police, la détresse de ceux qui vouent leur vie à les protéger. Le nombre de policiers blessés dans l'exercice de leurs fonctions reste en hausse constante, année après année. En 2023, ils étaient 15 150[1], soit plus de 40 par jour (+ 4,1 % par rapport à 2022). Quant aux chiffres de la délinquance, tous crimes et délits confondus, ils sont tout aussi accablants. Côtoyer la misère humaine, affronter la violence, la haine aussi,

1. Statistiques du ministère de l'Intérieur.

nier ses traumatismes, rentrer chez soi, faire semblant, passer continuellement d'un monde à l'autre a son prix.

Répétons-le : quarante-cinq policiers se suicident en moyenne chaque année, soit un taux de suicide supérieur de 41 % à celui du reste de la population active française ; des hommes et des femmes engagés au service de la société civile qui se donnent la mort parce que nous n'avons pas su être là. Selon une étude récente de la MGP[1], 39 % des policiers seraient en détresse psychique et un quart ont été confrontés à des pensées suicidaires. Derrière ces chiffres, je vois leurs visages, je pense aux familles décimées, aux vies brisées, aux collègues traumatisés. Je suis policier et ces morts sont inacceptables.

Bien sûr, de nombreuses actions ont été menées ces dernières années pour tenter de freiner le nombre de suicides. Le ministère de l'Intérieur a récemment rappelé que « ces actes, dramatiques et éminemment complexes, sont une préoccupation majeure pour le ministère de l'Intérieur et des Outre-mer, qui conduit de longue date une politique de prévention ». Dès 1996, nous l'avons dit, la Direction générale de la police nationale s'est dotée d'un service de soutien psychologique opérationnel (le SSPO) qui compte aujourd'hui 122 psychologues pour 150 000 policiers. En mai 2018, un programme de mobilisation contre le suicide a été mis en œuvre. Pour le porter, une cellule d'analyse et de prévention du suicide, la Caps[2], a été créée en avril 2019. Ses missions sont notamment de coordonner les actions, d'analyser les outils existants et de faire évoluer le programme si elle l'estime nécessaire. Depuis

1. Enquête menée entre février et mars 2021 par la Mutuelle des forces de sécurité.
2. Caps : Cellule alerte prévention suicide.

février 2020, une courte formation en ligne, « Agir pour prévenir le suicide et ses conséquences », est également proposée à tous les agents. Son objectif est de les sensibiliser à la détection des personnes en « crise suicidaire », de « déstigmatiser » le désarmement et d'y sensibiliser l'encadrement. Enfin, la Direction des ressources et des compétences de la police nationale a lancé en 2021, avec le Groupement d'études et de prévention du suicide, le dispositif « Sentinelles »[1].

Pourtant, le taux de suicide de mes pairs ne fléchit pas. Pourquoi n'y a-t-il aucun résultat tangible ? Si l'approche canadienne, plus humaine, entre collègues, ne peut évidemment pas tout résoudre, s'en inspirer – comme cela a d'ailleurs été le cas avec les « sentinelles » – contribuerait sûrement à améliorer la situation. Mais de fait, l'idée de témoigner au sein des commissariats rencontre encore la frilosité de mes interlocuteurs en France… et l'énergie vaine déployée du temps de Pep's pour tenter de convaincre le SSPO ou le ministère de l'Intérieur de son bien-fondé me dissuade de remonter à l'assaut.

C'est pourquoi j'ai décidé d'agir à mon modeste niveau pour construire un cadre efficace et propice au partage de mon témoignage. Pour l'heure, j'ai rallié à ce projet une psychologue rattachée à l'Ensop[2]. Son appui va permettre la mise en place prochaine d'une série d'ateliers où, en sa présence, je raconterai mon histoire aux élèves officiers.

Quant aux récits auprès de mes pairs, j'ai entamé une série de témoignages en Suisse. La cheffe du service de psychologie de la police de Genève est elle aussi

1. Source : www.senat.fr/questions/base/2023/qSEQ230607254.html.
2. Ensop : École nationale supérieure des officiers de police.

allée à la rencontre de Louis-Francis Fortin. Celui-ci lui a conseillé de faire appel à mes services. Revenue convaincue de la qualité de son programme de prévention du suicide et d'aide aux policiers, et notamment de l'efficacité des témoignages entre policiers, elle a créé un espace de parole sécurisant. Comme au Canada, les policiers peuvent y exprimer leur détresse et il est possible d'aller au-devant de ceux qui semblent plus fragilisés. À sa demande, et après avoir finalisé ensemble mon témoignage, je me suis rendu à Genève au printemps dernier pour relater mon histoire, confier mes peurs, mes traumatismes et mes tentatives de suicide à un groupe de vingt-cinq policiers. Les avis à l'issue de la réunion ont été positifs. À la question de savoir si l'on devait poursuivre ces témoignages, l'ensemble des policiers ont répondu par l'affirmative, et avec enthousiasme. La prochaine étape consistera à nous organiser avec la direction de la police de Genève pour que je puisse venir témoigner régulièrement.

Mon commissaire divisionnaire est au courant de ce nouvel engagement. Mon objectif premier reste de témoigner auprès de mes collègues français et de leur venir en aide. J'ai conscience du chemin qu'il reste à parcourir pour obtenir les diverses autorisations officielles. Ces sésames dépendent d'une vraie prise de conscience, chez nos hauts fonctionnaires, du drame quotidien que vivent ceux qui protègent la nation. Mais je garde espoir, car je sais nos dirigeants très soucieux de la détresse des policiers.

D'ici là, je vais transmettre mon histoire, témoigner partout où j'en aurai l'occasion, tout en poursuivant ma carrière de flic. Car, allez savoir pourquoi, ce métier, je l'ai dans la peau !

Cet ouvrage a été composé
par Soft Office
à Eybens (Isère)

Impression réalisée sur Roto-Page
par l'Imprimerie Floch
à Mayenne (Mayenne)
en septembre 2024
pour le compte des Éditions de l'Archipel,
département éditorial de la S.A.S Écriture-Communication

Pour plus d'information :
#lisez! engagé
www.lisez.com
Imprimé sur du papier issu de forêts gérées durablement.

Imprimé en France
Rang de tirage : 01 – N° d'impression : 105322
Dépôt légal : septembre 2024